VERBUM
MEDIEN

Die Deutsche Nationalbibliothek verzeichnet diese Publikation in der Deutschen Nationalbibliographie; detaillierte bibliographische Daten sind im Internet über dnb.de abrufbar.

Kleines Lohfeld 6
D-32549 Bad Oeynhausen
verbum-medien.de
info@verbum-medien.de

Übersetzung
Tanja Bittner
Lektorat
Ines Mühlleitner
Buchgestaltung
Annika Felder
Satz
Satz & Medien Wieser
Druck und Bindung
Finidr, Tschechien

1. Auflage 2025
Best.-Nr. 8652 311
ISBN 978-3-98665-311-8
E-Book 978-3-98665-312-5
Hörbuch 978-3-98665-313-2

Solltest du Fehler in diesem Buch entdecken, würden wir uns über einen kurzen Hinweis an *fehler@verbum-medien.de* freuen.

Alistair Begg

Freue dich Welt, dein König naht!

Andachten für die Adventszeit

Inhalt

Freue dich, Welt, dein König naht.
Mach deine Tore weit.
Er kommt nach seines Vaters Rat,
der Herr der Herrlichkeit,
der Herr der Herrlichkeit,
der Herr, der Herr der Herrlichkeit.

Jesus kommt bald, mach dich bereit.
Er hilft aus Sündennacht.
Sein Zepter heißt Barmherzigkeit,
und Lieb ist seine Macht,
und Lieb ist seine Macht,
und Lieb, und Lieb ist seine Macht.

(Originaltitel: »Joy to the World«
Text: Isaac Watts (1674–1748)
Melodie: Lowell Mason (1792–1872) & Georg Friedrich Händel (1685–1759)
Dt. Text: Johannes Haas

Einleitung

Ich liebe den Advent. Ich liebe die Vorfreude, die ihn durchdringt. Und ich genieße es, wenn das Weihnachten meiner Kindheit in der Erinnerung neu lebendig wird – die Lieder, der Gottesdienst und natürlich die Geschenke.

Ich liebe auch die Vorbereitungen. Es soll sogar Menschen geben, die schon im September mit den Weihnachtsvorbereitungen beginnen. Das ist nicht mein Ding – ich bin eher der Dezember-Typ. Als Pastor sitze ich jedes Jahr im Dezember da, schreibe meine Adventspredigten und beneide dabei insgeheim jene Kollegen, die ihre Predigten schon seit Monaten geplant haben. Ähnlich läuft es bei mir mit dem Besorgen von Geschenken. Meine Frau ist glücklicherweise viel organisierter als ich, sonst hätten wir ein ziemliches Chaos.

Wenn wir auf das erste Weihnachten zurückblicken, kann leicht der Eindruck entstehen, Gott sei ebenfalls ein Dezember-Typ: Die Geschichte scheint auf den ersten Seiten des Neuen Testaments zu beginnen, als aus heiterem Himmel ein Engel bei einem Mädchen in Galiläa auftaucht. Doch die Bibel ist wie ein Theaterstück in zwei Akten. Wer bei den Evangelien einsteigt, ist wie jemand, der erst nach der Pause dazukommt. Nein, Gottes Vorbereitungen für den Moment, in dem der König in diese Welt kommen sollte, begannen dort, wo auch das Johannesevangelium beginnt: nicht mit Engeln, Hirten und Weisen, sondern »am Anfang« – und eigentlich sogar vor dem Anfang. Bereits in der zurückliegenden Ewigkeit plante

Gott, seinen Sohn zu senden, damit wir in der zukünftigen Ewigkeit mit ihm das Leben haben können.

Deshalb werden wir auf den folgenden Seiten am Anfang beginnen und von dort aus Gottes Vorbereitungen für das ehrfurchtgebietende Geschehen jener ersten Christnacht begleiten. Wir werden seine Pläne und Absichten durch das Alte Testament hindurch verfolgen, ehe wir uns einmal mehr daran freuen dürfen, über die Ereignisse rund um das Kommen des fleischgewordenen Wortes nachzudenken.

Dort werden wir aber nicht enden. »Advent« kommt von dem lateinischen Begriff *adventus* und heißt »Ankunft«. Dabei müssen wir zwei »Ankünfte« im Blick haben – Christi Kommen in der Vergangenheit und sein Wiederkommen in der Zukunft. Es gab eine Zeit in der Menschheitsgeschichte, in der der König der Schöpfung über diese Erde ging. Und eines Tages wird die Welt ihren König erneut empfangen – dieses Mal nicht nahezu unbemerkt als Baby, sondern er wird herrlich und unübersehbar mit den Wolken des Himmels kommen. Für Kinder ist der Advent natürlich die Zeit, in der sie sich auf Weihnachten freuen. Wir dürfen aber darüber hinaus auch auf einen viel größeren Tag sehen – den Tag, an dem Jesus wiederkommt. Darum werden wir unsere gemeinsame Zeit mit 1. Mose 1 beginnen und an Heiligabend werden wir das andere Ende der Bibel, das letzte Kapitel der Offenbarung, erreicht haben.

Ich möchte dich also einladen, in diesem Advent mit mir gemeinsam auf das erste Kommen des Herrn zurückzublicken. Wie uns dieses wunderbare Geschenk gemacht wurde und weshalb es wirklich ein Grund zur Freude für die Welt und für uns persönlich im Hier und Jetzt ist. Ich lade dich aber auch ein, mit mir gemeinsam den Blick auf sein zweites Kommen zu richten. Auf das, was Gott im Moment noch vorbereitet, um es eines Tages zu verwirklichen, und was dies hier und jetzt für uns bedeutet.

Mein Gebet ist, dass dich diese Adventsandachten zum Staunen bringen darüber, was Gott getan hat. Mögen sie dich in die Anbetung dessen führen, der in jener ersten Christnacht in der Krippe lag. Mögen sie in dir eine große Vorfreude auf Christi Wiederkunft wecken und dich froh den Tag erwarten lassen, an dem die Welt ihren König erneut willkommen heißen wird. Mein Gebet ist, dass in dieser Adventszeit deine und meine Liebe zu ihm wächst.

Weihnachten

am Anfang

1

Am Anfang schuf Gott Himmel und Erde.

1. Mose 1,1

Am Anfang das Wort

Wenn wir über Jesus nachdenken, kommen uns unweigerlich bestimmte Bilder in den Sinn – besonders in der Weihnachtszeit. Zwar haben wir mittlerweile wohl die Zeiten hinter uns, in denen abendländische Abbildungen einen blonden Jesus mit strahlend blauen Augen zeigten, der ein Lamm auf seinen Armen trägt und durch grüne, von munteren Bächlein durchzogene Auen wandelt. Doch auch wenn wir den blonden und blauäugigen Jesus hinter uns gelassen haben, könnte es sein, dass unsere gedanklichen Bilder oft mehr mit künstlerischer Freiheit zu tun haben als mit biblischer Theologie.

Es ist bemerkenswert, dass keiner der neutestamentlichen Autoren es für wichtig hielt, Jesu Aussehen zu beschreiben – und auch Gott nicht, der ihre Worte inspirierte. Alles, was wir wissen, ist: »Er hatte keine Gestalt und Hoheit. Wir sahen ihn, aber da war keine Gestalt, die uns gefallen hätte« (Jes 53,2). Warum dieser auffallende Verzicht auf eine Beschreibung? Ein wesentlicher Grund könnte sein, dass in jeder menschlichen Darstellung von Jesus gerade das fehlt, was wir nach dem Willen des Vaters über seinen Sohn wissen sollen. Selbst die besten Gemälde und Filmproduktionen schaffen es nicht, uns Jesus in der ehrfurchtgebietenden Weise vor Augen zu malen, wie er uns im Johannesevangelium vorgestellt wird. Dort werden wir eingeladen, nicht an der Frage nach seinem Aussehen hängenzubleiben, sondern über seine Ewigkeit, seine Persönlichkeit und seine Göttlichkeit zu staunen:

»Im Anfang war das Wort, und das Wort war bei Gott,
und das Wort war Gott. Dieses war im Anfang bei
Gott. Alles ist durch dasselbe entstanden; und ohne
dasselbe ist auch nicht eines entstanden,
was entstanden ist.« (Joh 1,1–3 SLT)

Wir können uns den Beginn der Zeit noch so weit in der Vergangenheit zurückliegend vorstellen und es ist egal, welches Szenario wir für diesen Beginn der Zeit im Kopf haben. Die Tatsache ist, dass der noch nicht menschgewordene Sohn Gottes damals schon existierte. »Im Anfang« war Gott bereits da, und auch Gott der Sohn, das »Wort«, war bereits da. Johannes stellt für uns die Verbindung zu 1. Mose 1 her. Dieser Jesus wurde nicht geschaffen, er ist selbst der Schöpfer des Universums. Das Kind in der Krippe war niemand anderes als derjenige, der die Sterne an den Himmel setzte – einschließlich des Sterns, der die Weisen aus dem Morgenland zu ihm führte, um ihn anzubeten.

Dieses Wort, Jesus, ist in seiner ewigen Existenz zu unterscheiden von dem Vater und dem Geist – nicht im Wesen, aber als Person. Er »war bei Gott«, und er »war Gott«. Beide Aussagen sind wahr. Das mag verwirrend klingen, aber Johannes beschreibt damit keine abstrakte Theorie. Er stellt uns jemanden vor, mit dem er gemeinsam unterwegs war, mit dem er gelacht, geweint, gefeiert, gebetet, gedient hat und noch vieles mehr. Jemanden, der dennoch bereits bei der Erschaffung der Welt gegenwärtig war, und zwar als Schöpfer dieser Welt.

❖

Unsere deutschen Übersetzungen können es nicht so gut wiedergeben, aber Johannes gebraucht die Zeitformen der Verben meisterhaft. Für die Beschreibung des präexistenten Aufenthaltsorts des Sohnes verwendet er das Imperfekt (das ein fortwährendes Geschehen anzeigt): Er »war bei Gott, und ... war Gott«. Später wechselt Johannes aber zum Aorist (der auf einen bestimmten Zeitpunkt verweist), als er sagt: »Und das Wort ward Fleisch« (Joh 1,14).

Es gab vor mehr als zweitausend Jahren einen Zeitpunkt, zu dem die zweite Person der Dreieinigkeit – Jesus, der bereits existierte, ehe die Zeit begann – genauso in diese Welt geboren wurde wie jedes andere Baby. Wir bezeichnen das als erstes Kommen Christi und es wird von Millionen Menschen jedes Jahr an Weihnachten gefeiert. Es gab einen weiteren Zeitpunkt, zu dem er gehorsam sein Leben gab, um die Strafe für unsere Sünden zu tragen, auch einen Zeitpunkt, zu dem das Leben in seinen toten Körper zurückkehrte, und einen Zeitpunkt, zu dem sein auferstandener Leib in den Himmel auffuhr. Ebenso wird es einen Zeitpunkt geben, zu dem genau dieser Jesus wiederkommt, um alles neu zu machen.

❖

Die göttliche Natur Christi kennt also keinen Zeitpunkt, zu dem sie begann. Er war schon immer. Er war Gott, ehe die Zeit anfing. Er ist jetzt, in diesem Augenblick, Gott. Und er wird für immer Gott sein.

Ehrlich gesagt tappe ich leicht in die Falle, in der Adventszeit so beschäftigt mit den Vorbereitungen zu sein, dass ich nicht über die zentrale Wahrheit nachdenke: Der Schöpfer wurde ein Geschöpf und lebte in dieser Welt. Vielleicht hast du ebenfalls damit zu kämpfen. Doch es gibt eine bessere Option – nicht nur im Dezember, sondern jeden Tag: »Wir sind berufen, ihn ohne Unterlass anzubeten, ihm ohne Zögern zu gehorchen, ihn ohne Vorbehalt zu lieben und ihm ohne Unterbrechung zu dienen.«[1] Je mehr es uns gelingt, innezuhalten und mit den Augen des Glaubens auf das Wort zu blicken, das Fleisch wurde, desto mehr wird uns das beflügeln, den Herrn anzubeten und zu lieben, ihm zu gehorchen und zu dienen.

Weihnachten wird erst mit Leben gefüllt, wenn wir uns Zeit nehmen, um über Jesus, den Herrn, nachzudenken. Wie du weißt, war sein leibliches Aussehen nicht der Rede wert – aber du darfst dich über die Tatsache freuen, dass er damals, in jener ersten Christnacht, leiblich zu uns kam, um unsere große Hoffnung im Leben wie im Tod zu sein.

Zum Nachdenken:

❖ Inwiefern sind die Wahrheiten über Jesu göttliche und menschliche Natur für dich ein Anreiz, ihn jetzt anzubeten?

Gelobet seist du, Jesu Christ,
dass du Mensch geboren bist
von einer Jungfrau, das ist wahr;
des freuet sich der Engel Schar.
Kyrieleis.

Des ewgen Vaters einig Kind
jetzt man in der Krippe find't;
in unser armes Fleisch und Blut
verkleidet sich das ewig Gut.
Kyrieleis.

Den aller Welt Kreis nie beschloss,
der liegt in Marien Schoß;
er ist ein Kindlein worden klein,
der alle Ding erhält allein.
Kyrieleis.

Das ewig Licht geht da herein,
gibt der Welt ein' neuen Schein;
es leucht' wohl mitten in der Nacht
und uns des Lichtes Kinder macht.
Kyrieleis.

*(Strophe 1: Medingen, ca. 1380;
weitere Strophen: Martin Luther, 1524)*

2

Und ich will Feindschaft setzen zwischen dir und der Frau und zwischen deinem Samen und ihrem Samen; er wird dir den Kopf zertreten, und du wirst ihn in die Ferse stechen.

1. Mose 3,15

Die erste Verheißung

Vielleicht hast du schon mal von »Christmas in July« (Weihnachten im Juli) gehört – einem Fest, bei dem die Australier Weihnachtsstimmung zelebrieren, wenn es dort im Juli winterlich kalt ist. Weihnachten ist offensichtlich nicht nur dort zu finden, wo wir es erwarten würden. Bist du aber schon mal auf die Idee gekommen, in 1. Mose nach Weihnachten Ausschau zu halten? Genau das werden wir in den nächsten Tagen, in denen wir uns auf das Christfest einstimmen, tun.

❖

In 1. Mose 3,15 finden wir das, was oft als *Protoevangelium* bezeichnet wird – die erste Evangeliumsbotschaft. Eine gute Nachricht war vonnöten, weil die Menschen Gottes Gebot übertreten hatten. Sie hätten nicht von dem »Baum der Erkenntnis des Guten und Bösen« essen dürfen (1Mose 2,17), und die angedrohte Strafe für diesen Ungehorsam war der Tod. Die Schlange hatte die Frau verleitet, Gott zu misstrauen – an seinen Worten zu zweifeln und infrage zu stellen, ob seine Schöpfung wirklich gut war. Im Nullkommanichts (so scheint es jedenfalls) betrachtete die Frau den Baum, von dem Gott ausdrücklich verboten hatte, davon zu essen, als »eine Lust für die Augen«. Tragischerweise nahm sie daraufhin »von seiner Frucht und aß und gab ihrem Mann, der bei ihr war, auch davon und er aß«. So hörte Eva auf die Schlange, Adam hörte auf Eva, aber niemand hörte auf Gott (vgl. 1 Mose 3,1–6).

Denk darüber nach, wie die List des Bösen auch in deinem eigenen Leben zum Tragen kommt. Vielleicht wirst du mit irgendeiner aktuellen Angelegenheit konfrontiert, die im Widerspruch zu Gottes klaren biblischen Geboten steht, und du kannst (bildlich gesprochen) die Flüsterstimme fast hören, die fragt: »Ist es denn wirklich nötig, ein so autoritäres und unsinniges Verbot zu befolgen?« Die Lüge des Teufels ist stets die gleiche: »Ich kann dir ein besseres Leben außerhalb der Grenzen von Gottes Plan bieten, und ich sorge dafür, dass es keine Konsequenzen für dich geben wird.« Aber natürlich kann und wird er das nicht tun.

❖

Das Bemerkenswerte an diesem Bericht über die große Rebellion der ersten Menschen gegen Gott ist nicht, dass der Tod und die Vertreibung aus dem Garten folgen, sondern dass sie nicht sofort folgen. Diese und weitere Konsequenzen sollten sehr wohl zu gegebener Zeit eintreten, aber zuvor gab Gott eine Verheißung. Das erinnert uns an eine wunderbare Wahrheit über unseren Gott: Er schenkt unverdiente Gnade, sogar angesichts menschlicher Rebellion. Die erstaunliche Zusage Gottes war, dass ein Same (ein Nachkomme) der Frau auftreten wird, um der Schlange die Stirn zu bieten – jenem großen Thronräuber, der sich Gottes Absichten widersetzte. Seit diesem Ereignis in 1. Mose zieht sich durch alle geschichtlichen Epochen ein Krieg zwischen dem Bösen und der Menschheit, welche ja die Krone von Gottes Schöpfung ist.

Seit der Vertreibung der Menschen aus dem Garten war der Böse gewarnt: Eines Tages wird ein männliches Kind geboren werden, das seine bösen Pläne zunichtemachen wird. Seitdem muss jede Geburt eines kleinen Jungen bei ihm die Frage aufgeworfen haben: »Könnte er der sein, den Gott verheißen hat?« Der Teufel verfolgte nun das Ziel, dass die Menschheit niemals diesen »er« aus Vers 15 bekommt. Deshalb sehen wir Goliat gegen David kämpfen, die Babylonier gegen Jerusalem, Nebukadnezar gegen Daniel – und es ließen sich noch viele weitere Beispiele aus dem gesamten Alten Testament anführen.

Man kann ohne Übertreibung sagen, dass Satan jahrtausendelang mit aller Kraft versucht hat, Weihnachten zu verhindern – denn was Gottes Volk als Festtag begeht, war damals sicherlich für den Teufel der schlimmste Moment überhaupt. Wer steckte wohl sonst hinter den Plänen von Herodes, alle männlichen Kinder unter zwei Jahren zu töten? Er war darauf aus, das zunichtezumachen, was Gott geplant hatte. Diese Feindschaft zwischen dem, der nach Gottes Verheißung der Schlange den Kopf zertreten sollte, und dieser Schlange ist der große Kriegsschauplatz der Menschheitsgeschichte. Im Kern beruht darauf der Handlungsstrang der gesamten Bibel.

❖

Anders als der Teufel können wir zu Gott sagen: »Ich habe erkannt, dass du alles vermagst und kein Plan für dich unausführbar ist« (Hiob 42,2 ELB). Bereits bevor die Beziehung der Menschen zu Gott durch die Rebellion zerbrach und bevor Adam und Eva überhaupt geschaffen wurden, hatte Gott die Rettung geplant. Die Bibel gibt uns keine direkte Antwort auf die Frage, weshalb Gott den Sündenfall zuließ, aber sie zeigt: Alles untersteht Gottes Herrschaft. Das ist ein Grund zum Feiern für dich, wenn du dich danach sehnst, unter der Herrschaft dessen zu leben, der alles Verkehrte in Ordnung bringen wird.

Weil alles Gottes Herrschaft untersteht, konnte nichts die Geburt dessen verhindern, der wie verheißen der Schlange den Kopf zertreten sollte – Jesus von Nazareth. Weil alles Gottes Herrschaft untersteht, konnte nichts das vollkommene Leben vereiteln, das Jesus lebte. Weil alles Gottes Herrschaft untersteht, konnte nichts seinen Triumph am Kreuz verhindern, durch den er den Kopf der Schlange zertrat. Und weil alles Gottes Herrschaft untersteht, kann nichts das kommende Zeitalter aufhalten, in dem die Schlange vollständig besiegt und Gottes große Wiederherstellung vollendet sein wird.

Das Kind in der Krippe an Weihnachten ist dieser »er« aus 1. Mose 3,15. Wir dürfen in der Tatsache ruhen, dass alles Jesu Herrschaft untersteht – damals, heute und für immer. Wir dürfen uns daran erinnern, dass er eines Tages die Seinen sammeln und uns in ein neues Eden bringen wird. Wir dürfen freudig den Tag erwarten, an dem er jedem Einzelnen aus seinem Volk das Privileg des ewigen Lebens geben wird, ohne Sünde, ohne Trauer, ohne Krankheit, ohne Bitterkeit, ohne entzweite Familien, ohne politische Streitigkeiten – nur noch unendliche Schönheit, während wir die vollkommene Gemeinschaft mit unserem Schöpfer genießen.

Zum Nachdenken:

❖ Für welchen Lebensbereich benötigst du die Sicherheit und den Trost, der in dem Wissen liegt, dass alles Jesu Herrschaft untersteht, heute und für immer?

❖ Welchen Unterschied macht es für deine Sicht auf die Zukunft, wenn du bedenkst, dass Jesus eines Tages alles Verkehrte in Ordnung bringen wird?

❖

Gott, heilger Schöpfer aller Stern,
erleucht uns, die von dir so fern,
daß wir erkennen Jesus Christ,
der für uns Mensch geworden ist.

Denn es ging dir zu Herzen sehr,
daß wir gefangen waren schwer,
sollten ewig des Todes sein:
Du warfst auf ihn die Schuld und Pein.

Als sich die Welt zum Abend wandt,
den himmlisch Bräutgam hast gesandt,
geborn von einer Jungfrau zart,
die wunderbar sein Mutter ward.

Gezeigt hat er sein groß Gewalt,
daß es in aller Welt erschallt:
Ihm beugen muß sich jedes Knie
im Himmel, Höllen und auch hie.

Lob, Preis sei, Vater, deiner Kraft,
deim liebsten Sohn, der all Ding schafft,
dem heilgen Tröster auch zugleich,
jetzund, allweg und ewiglich!

❖

(Nach dem lat. Hymnus »Conditor alme siderum«;
Übersetzung: Allstedt/Thüringen, 1524)

3

Aber Noah fand Gnade vor dem Herrn. … Noah war ein frommer Mann und ohne Tadel zu seinen Zeiten; er wandelte mit Gott.

1. Mose 6,8–9

Warten auf Jesus

Bist du schon bereit für Weihnachten? Diese Frage hören wir in der Adventszeit immer wieder. Die ersten Christen hätten eine solche Frage aber gar nicht verstanden. In den ersten drei Jahrhunderten der Kirchengeschichte war Weihnachten kein wichtiges Fest. (Meine schottischen Vorfahren hielten das noch deutlich länger so, aber andere, vernünftigere Gläubige entschieden im 4. Jahrhundert, dass Christi Kommen mehr Aufmerksamkeit verdient.)

Als die Kirche anfing, Weihnachten zu feiern, tat sie das mit einem zweifachen Fokus. Sowohl zurückblickend auf das, was wir die Menschwerdung nennen, als auch vorausblickend auf die Tatsache, dass dieser Jesus, der relativ unbemerkt in Bethlehem als Baby zur Welt kam, in Macht und Herrlichkeit wiederkommen wird. Dieser doppelte Grund zur Besinnung und zur Freude wirft eine zweite (und wichtigere) Frage auf: Sind wir bereit für Jesus?

Wir waren bei Gottes ersten Menschen stehen geblieben, denen ein Nachkomme verheißen worden war, der der Schlange »den Kopf zertreten« wird. Nun warteten sie auf die Geburt dieses Kindes, das die Folgen des Sündenfalls rückgängig machen sollte. Die nächste Generation der Menschheit erlebte aber nicht die Erlösung, sondern Mord. Die Menschen benötigten dafür keine sprechende Schlange mehr, der Drang zum Sündigen kam nun von innen und führte zu Streit, Mord und Rache. Die Menschen wurden »von der inneren Realität eines zerstörerischen Magnetismus gezogen«.[2] Sünde verdirbt das, was Gott gut geschaffen hat, breitet sich auf die gesamte Menschheit aus und trennt den Menschen von Gott und seinen Mitmenschen. Zehn Generationen später, in 1. Mose 6, war die Verdorbenheit der Menschen im Herzen und im Handeln so groß geworden, dass Gott beschloss: »Ich will die Menschen, die ich geschaffen habe, vertilgen von der Erde« (1 Mose 6,7). Der Gott, dessen Herrschaft damals wie heute alles untersteht, der Gott, der das Wasser als Bestandteil seiner wunderschönen Schöpfung erfand – er bestimmte nun genau dieses Wasser zu seinem Werkzeug, um sein Gericht zu vollziehen. Das ist niederschmetternd. Ein solcher Vers gehört nicht zu den netten Bibelstellen, die du auf eine Weihnachtskarte schreibst. Die Bibel macht aber deutlich: Gott wird sein gerechtes Gericht vollziehen.

Trotzdem ist auch deutlich, dass unser Gott zugleich ein gnädiger und barmherziger Erlöser ist.

❖

Inmitten dieser Verdorbenheit und an der Schwelle zum Gericht taucht jemand auf, von dem berichtet wird: Er »fand Gnade vor dem Herrn« und war »ein frommer Mann und ohne Tadel zu seinen Zeiten«. Noah, so erfahren wir, »wandelte mit Gott«. Er kannte Gott und er vertraute darauf, dass Gott seine Verheißungen erfüllen wird. Da er vertraute, gehorchte er auch. Er wandelte mit Gott.

Sicherlich kennst du den Rest der Geschichte. Gott warnte ihn vor dem, was bevorstand, und erklärte Noah, wie er ihn und seine Familie retten wollte. Daraufhin baute Noah gehorsam die Arche (die deutlich länger als ein Fußballfeld war – du kannst dir also vorstellen, wie lange das gedauert hat). Im Vertrauen auf Gottes Wort baute er Tag für Tag, wartete auf das von Gott angekündigte Gericht und bereitete sich darauf vor.

Diese treue Beharrlichkeit und dieses Vertrauen auf Gott – charakterisiert das auch dein Leben heute an diesem Tag?

Bin ich bereit für Jesus? Vielleicht bin ich bereit für Weihnachten: Die Geschenke sind möglicherweise schon gekauft und verpackt, die Deko sieht aus wie im Bilderbuch und die Termine mit Familie und Freunden stehen. Es ist verlockend, sich auf die Dinge dieser Welt zu konzentrieren – die guten wie die sündigen –, und das womöglich zu dieser Zeit des Jahres noch mehr als sonst. Trotzdem ist die weitaus wichtigere Frage: Wandeln wir mit Gott? Sind wir bereit für das zweite Kommen Jesu, das sowohl Rettung als auch Gericht bringt? Wir wissen nicht, wann es soweit sein wird, aber wir haben den Auftrag, wachsam, geduldig und bereit zu sein.

Noahs Wandel mit Gott war nicht vollkommen; auch wir werden das nicht schaffen. Das ist in Ordnung, weil Jesus Christus es geschafft hat. Für uns gibt es keine Anweisung, dass wir ein hölzernes Boot benötigen, um Zuflucht vor Gottes Gericht zu finden. Uns ist gesagt, dass wir ein hölzernes Kreuz brauchen, denn Gottes Zorn wurde auf Golgatha auf seinen einzigen Sohn ausgegossen. Dort erwies Gott unermessliche Barmherzigkeit, indem er sein unfassbares Gericht auf seinen Sohn legte. Wenn wir an diesem Weihnachtsfest über Christus in der Krippe nachdenken, dann tun wir das im Bewusstsein dessen, was er an jenem Kreuz vollbracht hat.

»Gnade war da unaussprechlich groß,
Sühnung mir aus seinen Wunden floss,
was mein Herz mit Freuden übergoss
auf Golgatha.«[3]

Das erste Weihnachten beschert uns einen besseren Noah, der uns vor einem noch größeren Gericht rettet. Einen, der mit Gott wandelte. Einen, der Gott ist. Den Einzigen, in dem wir Zuflucht und Ruhe finden können, jetzt und für immer. Wir wandeln mit ihm, indem wir seinen Verheißungen vertrauen und uns aus diesem Grund bemühen, seinen Geboten zu gehorchen.

Zum Nachdenken:

- ❖ Bist du bereit für Jesu Wiederkunft?
- ❖ Fällt es dir in irgendeiner Hinsicht schwer, Jesus zu gehorchen? Auf welche seiner Verheißungen kannst du dich stützen, um die Freiheit und Motivation zu gewinnen, seinen Geboten zu folgen?

Macht hoch die Tür, die Tor
macht weit; es kommt der Herr
der Herrlichkeit,
ein König aller Königreich,
ein Heiland aller Welt zugleich,
der Heil und Leben mit sich bringt;
derhalben jauchzt,
mit Freuden singt:
Gelobet sei mein Gott,
mein Schöpfer reich von Rat.
Er ist gerecht, ein Helfer wert;
Sanftmütigkeit ist sein Gefährt,
sein Königskron ist Heiligkeit,
sein Zepter ist Barmherzigkeit;
all unsre Not zum End er bringt,
derhalben jauchzt,
mit Freuden singt:
Gelobet sei mein Gott,
mein Heiland groß von Tat.
O wohl dem Land,
o wohl der Stadt,
so diesen König bei sich hat.
Wohl allen Herzen insgemein,
da dieser König ziehet ein.
Er ist die rechte Freudensonn,
bringt mit sich lauter
Freud und Wonn.
Gelobet sei mein Gott,
mein Tröster früh und spat.
Macht hoch die Tür,
die Tor macht weit,
eu'r Herz zum Tempel zubereit'.
Die Zweiglein der Gottseligkeit
steckt auf mit Andacht,
Lust und Freud;
so kommt der König auch zu euch,
ja, Heil und Leben mit zugleich.
Gelobet sei mein Gott,
voll Rat, voll Tat, voll Gnad.
Komm, o mein Heiland
Jesu Christ,
meins Herzens Tür dir offen ist.
Ach zieh mit deiner Gnade ein;
dein Freundlichkeit
auch uns erschein.
Dein Heilger Geist uns führ
und leit
den Weg zur ewgen Seligkeit.
Dem Namen dein, o Herr,
sei ewig Preis und Ehr.

(Georg Weissel, 1623/1642)

4

Und ich will dich zum großen Volk machen und will dich segnen und dir einen großen Namen machen, und du sollst ein Segen sein … und in dir sollen gesegnet werden alle Geschlechter auf Erden.

1. Mose 12,2–3

Er sorgt für ein Lamm

Zehn Generationen gingen ins Land zwischen Noah und Abram (dessen späterer und bekannterer Name Abraham ist). Man sollte meinen, nach dem Gericht über Noahs Zeitgenossen sei es für seine Nachkommen fast unmöglich gewesen, die gnädige Zuflucht zu vergessen, die Gott ihnen in der Arche gewährt hatte. Aber nein …

❖

Schon in Noahs Geschichte hatte vor einem düsteren Hintergrund ein Hoffnungsschimmer aufgeleuchtet, und so war es auch bei Abraham. Der finstere Teil ereignete sich auf einer Ebene im Land Schinar, wo sich die stolze Rebellion der Menschen fortsetzte. Sie weigerten sich, Gott als Gott zu achten und die Erde zu füllen, wie er es ihnen aufgetragen hatte. »Es hatte aber alle Welt einerlei Zunge und Sprache.« Sie kamen zusammen und beschlossen: »Wohlauf, lasst uns eine Stadt und einen Turm bauen, dessen Spitze bis an den Himmel reiche, dass wir uns einen Namen machen; denn wir werden sonst zerstreut über die ganze Erde« (1 Mose 11,1–4).

Natürlich endete das Unternehmen in einem Fiasko. Gott, der die Herzen und Gedanken der Menschen kennt, sagte: »Dies ist erst der Anfang ihres Tuns! … Wohlan, lasst uns hinabsteigen und dort ihre Sprache verwirren« (1 Mose 11,6–7 SLT). Und genau das tat der Herr dann auch.

In 1. Mose 12 sehen wir jedoch einen neuen Hoffnungsschimmer. Jene Leute hatten sich dort angesiedelt, wo sie es für richtig hielten, und sie wollten sich selbst einen Namen machen. Im direkten Gegensatz dazu trug Gott Abraham auf, das Land, das er kannte, hinter sich zu lassen und sein Ansehen (eigentlich sein ganzes Leben) in Gottes Hände zu legen. Er wurde aufgefordert, Gottes Verheißung zu vertrauen: »Und *ich* will dich zum großen Volk machen und will dich segnen und dir einen großen Namen machen, und du sollst ein Segen sein.«

Nur Gott kann einen Namen und ein Vermächtnis wahrhaft groß machen. Durch das weitere Alte Testament zieht sich von nun an ein Grundton: In Abraham »sollen gesegnet werden alle Geschlechter auf Erden«.

Mit anderen Worten: Gott verhieß, dass Abrahams Nachkomme den Segen bringen würde, der wegen des Sündenfalls verloren gegangen war. Es war Gott, der in Reaktion auf den Turmbau zu Babel eine Menschheit spaltete und zerstreute, die entschlossen war, sich ihm zu widersetzen. Vielleicht erlebst du an diesem Weihnachten etwas von dieser Spaltung in deiner eigenen Familie. Ganz bestimmt wirst du in der Zeitung davon lesen.

Gott ist es aber auch, der eine Menschheit vereint und zusammenführt, die den Wunsch hat, ihn anzubeten.

❖

In den 1970er-Jahren kam ein Film namens »Letzte Weihnacht« heraus (im Original »The Gathering«, d. h. »Die Zusammenkunft«). Ein Teil davon wurde in der Nähe der Gemeinde gedreht, deren Pastor ich seit meinem Umzug in die Vereinigten Staaten bin. Es geht um einen Geschäftsmann, der kurz vor Weihnachten erfährt, dass er nicht mehr lange zu leben hat. Daraufhin bemüht er sich nach Kräften, seine Familie zu versammeln und Wiedergutmachung zu leisten, nachdem er sie Jahre zuvor im Stich gelassen hatte.

Ich überlasse es dir, herauszufinden, was dort dann passiert. Die wunderbare biblische Heilsgeschichte zeigt uns aber, dass Gott dasselbe tut: Er versammelt sein Volk und macht alles neu. Das war sein Ziel, durch die Generationen von Abrahams Nachkommen hindurch (42 Generationen, um genau zu sein) bis zum ersten Weihnachten, bis zur Zeit Jesu. Allerdings wäre diese erwählte Familie fast wieder ausgelöscht worden, ehe Abrahams Sohn Isaak überhaupt eine Chance hatte, zu heiraten und Kinder zu bekommen. Und überraschenderweise war es Gott höchstpersönlich, der allem Anschein nach die Verheißungen, die er Abraham gegeben hatte, zu ruinieren drohte.

Gott befahl Abraham, seinen einzigen Sohn zu nehmen – den Sohn, auf dem die Verheißung des Segens lag, dass Menschen auf der ganzen Welt wieder als Gottes Volk vereint werden sollen – und ihn als Brandopfer darzubringen. Die Aufforderung war unmissverständlich. Abraham erhielt keine Erklärung und ihm wurde auch keine Belohnung in Aussicht gestellt. Dennoch gehorchte er Gott, »stand ... früh am Morgen auf« und machte sich mit Isaak auf den Weg (1 Mose 22,1–5). Einst hatte Abraham seine Koffer gepackt und sein altes Leben hinter sich gelassen, weil er Gottes Bundesverheißungen vertraute. Das gleiche Vertrauen befähigte ihn nun, sogar inmitten einer unvorstellbaren Prüfung gehorsam zu sein, die gerade jene Verheißungen zu zerstören drohte.

Am dritten Tag, nachdem die beiden etwa siebzig Kilometer gewandert waren, blickte Abraham auf und sah den Berg, zu dem er geschickt worden war: den Berg Morija. Als sie näherkamen, stellte Isaak schließlich die Frage, auf die Abraham bestimmt schon gewartet hatte: »Siehe, hier ist Feuer und Holz; wo ist aber das Lamm zum Brandopfer?« Abraham vertraute aber immer noch auf Gott: »Mein Sohn, Gott wird für ein Lamm zum Brandopfer sorgen!« (1Mose 22,7–8 SLT).

Erst auf dem Höhepunkt der Geschichte – der Sohn festgebunden auf einem Opferaltar und der Vater bereit, das Unvorstellbare zu tun, weil er dem Herrn vertraut und ihn fürchtet – greift Gott ein. Er schickt einen Engel, um die Opferung Isaaks zu stoppen. Abraham blickt auf, sieht einen Widder, der sich im Gebüsch verfangen hat »und opferte ihn zum Brandopfer an seines Sohnes statt« (1Mose 22,13).

Abraham hatte gesagt, dass Gott für ein Lamm sorgen würde – doch stattdessen gab Gott ihnen einen Widder. Ist das nicht ein bisschen seltsam? Vielleicht nicht. Vielleicht reichte Abrahams prophetisches Wort damals über Morija hinaus und bis zu einer Krippe in Bethlehem. Ganz in ihrer Nähe störte in jener Nacht ein Engel einige Hirten auf, die ihre Herden bewachten. Die Hirten ließen ihre Lämmer zurück und machten sich auf, um ein anderes Lamm zu sehen: »das Lamm Gottes, das die Sünde der Welt hinwegnimmt« (Joh 1,29 SLT).

Tatsächlich hat er genau das getan: Er hat unsere Sünden weggenommen. Vor etwa zweitausend Jahren tat Gott seinem Sohn auf dem Berg Morija das an, was Abraham Isaak nicht antun musste. An jenem Tag führte Gott seinen Sohn auf den Berg. Auf den Schultern des Sohnes lag als schwere Last das Holz für das Opfer. Schließlich starb der Sohn am Kreuz; der Sohn war das Opfer.

Das ist die Heilsgeschichte – die Geschichte, wie »alle Geschlechter auf Erden, gesegnet werden« sollen. Gott sammelt ein Volk, das für immer in Einheit und Harmonie mit ihm leben wird. Was mit Abraham geschah, kann man nur im Lichte Christi verstehen. Was in jener Krippe geschah, kann man nur im Lichte des

Kreuzes verstehen. Gott streckt jetzt seine Hand aus und sammelt Menschen aus allen Völkern, indem er hier einen Arzt rettet und dort einen Studenten, hier ein kleines Kind kurz vor dem Schlafengehen und dort eine Urgroßmutter auf dem Sterbebett. Er rettet Menschen aus allen Stämmen, Sprachen und Nationen. Stell dir vor, wie viele Millionen Menschen Christus an diesem Christfest anbeten werden, wenn sie sich als Gottes Volk versammeln, um ihm zu lobsingen. Staune über die Tatsache, dass wir Teil davon sein werden. Das ist vom Herrn geschehen, der seine uralte Verheißung an Abraham erfüllt, und ist herrlich vor unseren Augen (vgl. Ps 118,23).

Zum Nachdenken:

- Welche Wahrheiten aus unserer heutigen Betrachtung lassen dich über Gott staunen?
- Welchen Unterschied macht es in dieser Adventszeit für dich, wenn du daran denkst, dass Millionen von Menschen mit dir zusammen Jesus anbeten?

❖

Wie soll ich dich empfangen und wie begegn ich dir,
o aller Welt Verlangen, o meiner Seelen Zier?
O Jesu, Jesu, setze mir selbst die Fackel bei,
damit, was dich ergötze, mir kund und wissend sei.

Was hast du unterlassen zu meinem Trost und Freud,
als Leib und Seele saßen in ihrem größten Leid?
Als mir das Reich genommen, da Fried und Freude lacht,
da bist du, mein Heil, kommen und hast mich froh gemacht.

Ich lag in schweren Banden,
du kommst und machst mich los;
ich stand in Spott und Schanden,
du kommst und machst mich groß
und hebst mich hoch zu Ehren
und schenkst mir großes Gut,
das sich nicht läßt verzehren,
wie irdisch Reichtum tut.

❖

(Paul Gerhardt, 1653)

Weihnachten

im Land

5

… und der Herr gedachte an sie. Und als die Tage um waren, ward Hanna schwanger, und sie gebar einen Sohn und nannte ihn Samuel; denn, so sprach sie, ich hab ihn von dem Herrn erbeten.

1. Samuel 1,19–20

Der Herr gedenkt

Wenn du Kinder hast, dann vergeht im Dezember sicherlich kein Tag ohne die Erinnerung, dass bald Weihnachten ist. Vielleicht dadurch, dass sie eifrig die verbleibenden Türchen am Adventskalender zählen. Vielleicht, indem sie mit gespannter Vorfreude über ihre Geschenke reden. Oder sie erzählen davon, was dieser Tag alles bringen wird, und hüpfen dabei von einem Bein aufs andere. Du hast keine Chance, zu vergessen, dass Weihnachten vor der Tür steht.

Aber natürlich reicht es noch nicht, sich nur an die Tatsache zu erinnern, dass am 24. Dezember Heiligabend ist. Stell dir vor, es wird an diesem Tag langsam dunkel und du hast weder etwas vorbereitet noch Geschenke besorgt. Die aufgewühlten Kinderherzen (oder mit Tränen gefüllten Kinderaugen) werden sich wohl kaum dadurch trösten lassen, dass du ihnen versicherst: »Ich habe nicht vergessen, dass Weihnachten ist«.

Nein, wer wahrhaft daran denkt, dass der Heilige Abend bevorsteht, der weiß es nicht nur im Kopf, sondern handelt entsprechend. Genau darum geht es auch in der Bibel, wenn wir lesen, dass Gott an jemanden oder etwas »gedachte«. Es ist nicht gemeint, dass er einen Menschen oder eine Verheißung vergessen hatte, aber jetzt ist es ihm wieder eingefallen. Gemeint ist, dass Gott nun eine Verheißung erfüllt, die er zuvor gegeben hatte.

Gott hatte verheißen, Noah aus der Arche zu retten. Er gedachte an seine Verheißung, und das Wasser begann zu sinken.

Gott hatte verheißen, Israel aus der Sklaverei in Ägypten zu befreien. Er gedachte an seine Verheißung und berief Mose, um das Volk in das verheißene Land zu führen.

Für Hanna gab es aber keine spezielle Verheißung.

❖

Hanna lebte im verheißenen Land, und zwar mehrere hundert Jahre nach Moses Zeit. Seit Gott Abraham seine Bundesverheißungen gegeben hatte, waren etwa achthundert Jahre vergangen. Zu Hannas Zeiten gab es keinen König. Die Israeliten taten wieder und wieder das, was in ihren eigenen Augen richtig war, statt zu tun, was aus Gottes Sicht richtig war (vgl. Ri 21,25). Sie lebten in Gottes Land, aber im Herzen waren sie fern von Gott. Aufgrund dieses Ungehorsams lebte Israel als Volk in Instabilität und Unsicherheit.

In vielerlei Hinsicht war Hannas Leben sozusagen Israels Zustand im Miniaturformat. Sie war eine unfruchtbare Frau inmitten eines geistlich fruchtlosen Volkes. Damals, in jener Epoche von Gottes Heilsgeschichte, war Kinderlosigkeit gleichbedeutend damit, nicht an Gottes Plan Anteil haben zu können – dem Plan, aus Abrahams Familie ein großes Volk zu machen. Jemand wie Hanna blieb außen vor in Bezug auf Gottes Absicht, durch sein Volk weiter auf den Tag hinzuwirken, an dem sein König kommen würde, der gemäß der Verheißung den Kopf der Schlange zertreten sollte.

Wir können uns vorstellen, wie sich Hanna jedes Jahr am Silvesterabend (aus heutiger Sicht) fragte: »Vielleicht werde ich im neuen Jahr schwanger?« – aber es geschah nie. Nach Jahren tiefer Verzweiflung, in denen sie auch noch den Spott ihrer Mitmenschen ertragen musste, schüttete Hanna im Gebet dem Herrn ihr betrübtes Herz aus (vgl. 1Sam 1,9–18). Gott »gedachte« an Hanna und sie gebar einen Sohn. Damit erhörte er nicht einfach nur das Gebet einer einzelnen Frau, sondern zog sie in seine Pläne hinein – in die Art und Weise, wie er seine Verheißungen an Abraham erfüllen würde. Er gedachte an Hanna, indem er so handelte, wie es der Erfüllung seiner Verheißungen diente.

Hanna ahnte nicht, dass Samuel – das Kind, das ihr geschenkt wurde – dazu bestimmt war, ein Prophet für das Volk zu werden. Samuel sollte Israel zurück zu einem Leben unter Gottes Herrschaft rufen. Er durfte herausfinden und bekannt geben, wer der König war, der wie ein guter Hirte für sie sorgen sollte – König David. Gott wusste all das bereits, als er an Hanna »gedachte«. Die Gebetserhörung, die Gott für Hanna bereithielt, war Teil seiner Reaktion auf das viel größere Elend seines Volkes. Die große Geschichte von Gottes Rettungsabsicht entfaltet sich vor unseren Augen im Leben einer ehemals unfruchtbaren Frau.

Die Schrift zeigt uns immer wieder, dass es Gottes Art ist, so zu handeln – indem er das aus menschlicher Sicht Unmögliche tut, und das durch Menschen, mit denen keiner gerechnet hätte. Abrahams Frau Sara war unfruchtbar, aber Gott griff ein und sie gebar Isaak (vgl. 1 Mose 21,1–7). Simsons Mutter konnte ebenfalls keine Kinder bekommen, aber Gott griff ein und sie gebar einen Sohn (vgl. Ri 13), der durch seinen Tod die Feinde seines Volkes besiegen sollte. Auch Hanna konnte nicht schwanger werden, und doch bekam sie ein Kind. Auf diese Weise zeigt uns Gott, dass es einzig und allein sein Werk ist, seine Verheißungen zu erfüllen – nicht unseres. Gott zeigt aber auch, dass jeder in seine großen Pläne und Absichten einbezogen werden kann, ganz egal, wie ausgegrenzt und verachtet er vielleicht ist. Wie auch immer unsere Vergangenheit oder Gegenwart aussehen mag – wir sind nie außerhalb von Gottes Reichweite, um von ihm für seine herrlichen, ewigen Ziele gebraucht zu werden.

Damals wie heute hat Gott Freude daran, in das alltägliche, normale Leben der Seinen einzugreifen und der Menschheitsgeschichte eine neue Richtung zu geben.

❖

Beim Stichwort »Eine Frau, die eigentlich gar nicht schwanger werden kann, bekommt ein Kind« sollten unsere Gedanken auch ins Neue Testament springen – nicht nur zu Maria, der Jungfrau, sondern auch zu ihrer Verwandten Elisabeth. Elisabeth war eine ältere, gottesfürchtige Frau, die wie Hanna viele Jahre der Unfruchtbarkeit hinter sich hatte. Bis eines Tages ein Engel ihrem Mann Zacharias (dessen Name »Der Herr gedenkt« bedeutet) mitteilte, dass sie schwanger werden würde. Wie Hannas Sohn wollte Gott auch Elisabeths Sohn gebrauchen, um »viele der Israeliten zu dem Herrn, ihrem Gott, [zu] bekehren ... zuzurichten dem Herrn ein Volk, das wohl vorbereitet ist« (Lk 1,16–17). Samuel hatte den König David gesalbt; Johannes, der Sohn von Elisabeth und Zacharias, würde Davids größeren Nachkommen, den König Jesus, taufen. Wie Zacharias erkannte, hatte Gott durch das Geschenk dieses Babys begonnen, »zu gedenken an seinen heiligen Bund« (Lk 1,72 SLT). Johannes war als Prophet gesandt, um das Kommen des Einen anzukündigen, in dem das Ja zu allen Verheißungen Gottes ist (vgl. 2 Kor 1,20). Die große Geschichte von Gottes Rettungsabsicht entfaltet sich vor unseren Augen im Haus eines alten, kinderlosen Ehepaars.

Gott gedenkt an seine Verheißungen und Gott gedenkt an sein Volk. Er ist stets am Wirken, um sein Wort zu erfüllen und seinen ewigen Heilsplan zu vollenden. Er handelt zu seiner Zeit, nicht dann, wenn wir es gern hätten (Hanna und Elisabeth können das bestätigen). Gott verspricht auch nicht, uns alles zu geben, was wir haben wollen. Doch er gibt uns das, wonach wir uns am meisten sehnen: schon jetzt Frieden mit ihm und eine Zukunft bei ihm, in der es uns an nichts mehr fehlen wird, in der wir keinen Kummer mehr kennen und keine Träne mehr vergießen. Wenn Gott auch nicht immer so handelt, dass es sofort ersichtlich ist, wirkt er doch *durch* uns, um seine Ziele zu erreichen.

Wenn du nun also dem neuen Jahr entgegensiehst, dann darfst du sicher wissen: Es wird ein Jahr werden, in dem dein Gott deiner gedenkt und stets zu deinem Besten handelt. Es wird auch ein Jahr werden, in dem Gott gnädig durch dich darauf hinwirkt, dass seine Verheißungen für sein Volk und seine Welt wahr werden, wenn Jesus, der Herr, wiederkommt – dieses Mal nicht im Bauch einer Jungfrau, sondern auf den Wolken des Himmels. Wie Hanna sind wir eingeladen, Teil der großen Geschichte von Gottes Wirken in dieser Welt zu werden.

Zum Nachdenken:

- ❖ In welcher Hinsicht kann dich die Wahrheit, dass Gott deiner gedenkt, heute ermutigen?
- ❖ Gibt es jemanden in deinem Bekanntenkreis, dem du diese Wahrheit und Ermutigung weitergeben kannst?

Herbei, o ihr Gläubigen,
fröhlich triumphierend,
o kommet, o kommet nach Bethlehem!
Sehet das Kindlein,
uns zum Heil geboren!
O lasset uns anbeten,
o lasset uns anbeten,
o lasset uns anbeten den König!

Du König der Ehren,
Herrscher der Heerscharen,
Du ruhst in der Krippe, gering und arm.
Gott, wahrer Gott
von Ewigkeit geboren.
O lasset uns anbeten,
o lasset uns anbeten,
o lasset uns anbeten den König!

Kommt, singet dem Herren,
singt Ihm, Engelchöre!
Frohlocket, frohlocket, ihr Seligen:
Ehre sei Gott
im Himmel und auf Erden!
O lasset uns anbeten,
o lasset uns anbeten,
o lasset uns anbeten den König!

Ja, Dir, der Du heute
Mensch für uns geboren,
Herr Jesus, sei Ehre und Preis und Ruhm,
Dir fleischgewordnes
Wort des ew'gen Vaters!
O lasset uns anbeten,
o lasset uns anbeten,
o lasset uns anbeten den König!

❖

*(Nach »Adeste fidelis« und »O Come, All Ye Faithful«;
Übersetzung: Friedrich Heinrich Ranke)*

6

Denn sollte Gott wirklich bei den Menschen auf Erden wohnen? Siehe, der Himmel und aller Himmel Himmel können dich nicht fassen; wie sollte es dann dies Haus tun, das ich gebaut habe?

2. Chronik 6,18

Sollte Gott auf Erden wohnen?

Nach dem Tod von Queen Elizabeth II. verfolgten viele Millionen Menschen weltweit die Berichterstattung über ihr Begräbnis. Rund eine Million Menschen drängten sich in den Straßen von London, um den Trauerzug zu sehen. Etwa zweitausend Menschen – darunter fast hundert Staatsoberhäupter – versammelten sich in Westminster Abbey, um das Leben und die Persönlichkeit der Queen zu würdigen. Man kann sich vorstellen, dass die Anwesenden noch ihren Kindern und Enkeln davon erzählen werden: »Ich war dabei.«

Ähnliches gilt wohl auch für die Einweihung des Tempels in Jerusalem. Wir können davon ausgehen, dass die Menschen, die damals dabei waren, ihr Leben lang ehrfürchtig staunend davon erzählten.

Tausende Menschen waren unter Salomo am Bau des Tempels beteiligt gewesen. Es dauerte etwa sieben Jahre, bis er fertig war. Man hatte 70.000 Lastenträger, 80.000 Steinhauer, die im Gebirge arbeiteten, und 3.600 Menschen waren als Aufseher über das Projekt gesetzt. Offensichtlich wurde bei diesem Bau an nichts gespart. Er erstrahlte in herrlicher Pracht, war mit Schnitzereien und Edelsteinen verziert und mit Gold überzogen. Schon König David hatte den Wunsch gehabt, ein Haus für den Herrn zu bauen, aber Gott hatte ihm dieses Privileg vorenthalten und es stattdessen seinem Sohn gewährt. Salomo nahm die Sache mit einer klaren Vision in Angriff und sagte: »Und das Haus, das ich bauen will, soll groß sein; denn unser Gott ist größer als alle Götter« (2 Chr 2,4).

❖

Man möchte meinen, dass Salomo bei der Tempeleinweihung zu sich selbst sagte: »Wie sollte man das noch überbieten können?« Tatsächlich fragte er aber: »Sollte Gott wirklich bei den Menschen auf Erden wohnen?« Das ist die große Frage. Dieser für Gott gebaute Tempel war zweifellos groß, aber war er groß genug für den, den »der Himmel und aller Himmel Himmel ... nicht fassen« können? War er groß genug, um die Art von Beziehung wiederherzustellen, die Adam und Eva im Garten Eden zu Gott gehabt hatten?

Jahrelange Bauarbeiten, keine Kosten gescheut, Zehntausende an dem Projekt beteiligt und nun eine gebührende Einweihungsfeier – aber König Salomo konnte in diesem Moment der Realität nicht ausweichen: Nichts kann Gott fassen. Mochte das von ihm erbaute Haus auch noch so prächtig sein, wie könnte es majestätisch genug sein für den Gott aller Schöpfung? Und dennoch – erstaunlicherweise – kam der Gott, der auf dem Berg Sinai »im Dunkel« gewohnt hatte, an diesen Ort und begegnete seinem Volk (vgl. 2 Chr 6,1; 7,1–2). Es ist fast unmöglich, die ersten Kapitel von 2. Chronik zu lesen, ohne wie Salomo von der Tatsache getroffen zu werden, dass sich der Schöpfergott erneut herabbeugte, um bei seinem Volk zu wohnen. An dieser Wohnung wurde erneut Gottes Wunsch sichtbar, sein Volk zu erlösen und Gemeinschaft mit ihm zu haben.

❖

Doch so besonders der Tempel als Ort der Begegnung zwischen Gott und seinem Volk auch sein mochte, es blieb trotzdem der Eindruck, dass der Plan noch nicht zu Ende war. Warum das? Weil sich Gottes Plan immer um eine Person gedreht hatte, nicht bloß um einen Ort oder einen Gegenstand.

Diese Wahrheit begegnet uns in der Bibel immer wieder. Da ist zum Beispiel die Frau am Brunnen in Johannes 4. Eigentlich wollte sie nur ihre Krüge mit Wasser füllen, kommt aber mit Jesus ins Gespräch und erkundigt sich nach einem Ort: »Wie, du, ein Jude, erbittest etwas zu trinken von mir, einer samaritischen Frau? ... Unsere Väter haben auf diesem Berge angebetet, und ihr sagt, in Jerusalem sei die Stätte, wo man anbeten soll« (Joh 4,9.20). Jesus antwortet darauf sinngemäß: »Es geht nicht um einen Ort, es geht um eine Person. Die wahren Anbeter des Vaters beten ihn im Geist und in der Wahrheit an, und ich bin der, der gesandt ist, um das zu ermöglichen« (vgl. Joh 4,22–26).

Jesus ist Gottes ewiges Wort in Aktion. Salomos Tempel konnte den Einen, der »im Anfang« war, nicht in seiner Fülle fassen. Er aber beschloss, Menschengestalt anzunehmen. Warum? Um eine kleine Zeit unter uns zu wohnen, damit wir für immer bei ihm wohnen können. Wir müssen nicht mehr fragen: »Hat Gott auf Erden gewohnt?« Das Neue Testament zeigt uns, dass wir die ersten beiden Wörter vertauschen dürfen und sagen: »Gott *hat* auf Erden gewohnt.«

J. I. Packer formulierte es so: »Keine Fiktion ist so fantastisch, wie diese Wahrheit der Inkarnation.«[4] Ist es nicht schwindelerregend, darüber nachzudenken? Der ewige Gott erschien in der Person des Sohnes, um in seiner eigenen Schöpfung zu leben. Er hörte dabei aber nicht auf, Gott zu sein. Gottes Fülle fand Raum in einem menschlichen Körper. Er, der den Kosmos erschuf, wurde ein Staubkörnchen in seinem eigenen Kosmos. Er wohnte bei seinem Volk in der Wüste, im Tempel und schließlich in menschlicher Schwachheit. Und er wohnt auch heute noch bei seinem Volk.

❖

In der Weihnachtszeit denken wir über die Tatsache nach, dass Gott in der Person unseres Herrn Jesus unter uns gewohnt hat. Nach seinem irdischen Leben, seinem Tod und seiner Auferstehung befindet sich Jesus nun aber körperlich zur Rechten seines himmlischen Vaters. Wie wohnt Gott dann jetzt auf der Erde, in Zeit und Raum? Durch denjenigen, um dessen Sendung Jesus den Vater bat, so wie er es zugesagt hatte:

»Und ich will den Vater bitten und er wird euch einen andern Tröster geben, dass er bei euch sei in Ewigkeit: den Geist der Wahrheit, den die Welt nicht empfangen kann, denn sie sieht ihn nicht und kennt ihn nicht. Ihr kennt ihn, denn er bleibt bei euch und wird in euch sein.« (Joh 14,16–17)

In seiner Gnade hat Gott seinen Heiligen Geist in jene Menschen ausgegossen, für die sein Sohn kam, lebte, starb und auferstand. Alle, die ihr Vertrauen auf ihn gesetzt haben, die ihn lieben, die als lebendige Steine zusammengefügt wurden, die um Christus, unseren Eckstein, versammelt sind – genau sie sind jetzt der Ort, an dem Gott wohnt.

Wie schon Salomo bei der Einweihung des Tempels staunte, so dürfen auch wir an diesem Christfest darüber staunen, dass Gott tatsächlich auf Erden gewohnt hat. Und vergiss nicht: Wenn du in Christus bist, wirst *du* gemeinsam mit deinen Glaubensgeschwistern »erbaut zu einer Wohnung Gottes im Geist« (Eph 2,22) und dieser »Tempel Gottes ist heilig – der seid *ihr*« (1Kor 3,17). Gott hat sich selbst ein Haus gebaut, um auf Erden zu wohnen: seine Gemeinde, einschließlich dir und mir.

Zum Nachdenken:

- ❖ Welchen Unterschied macht das, was du heute gelesen hast, für deine Sicht auf dich selbst und auf deine Gemeinde?

❖

Die Nacht ist vorgedrungen, der Tag ist nicht
mehr fern!
So sei nun Lob gesungen dem hellen Morgenstern!
Auch wer zur Nacht geweinet, der stimme froh mit ein.
Der Morgenstern bescheinet auch deine Angst
und Pein.

Dem alle Engel dienen, wird nun ein Kind und Knecht.
Gott selber ist erschienen zur Sühne für sein Recht.
Wer schuldig ist auf Erden, verhüll nicht mehr
sein Haupt.
Er soll errettet werden, wenn er dem Kinde glaubt.

Die Nacht ist schon im Schwinden, macht euch zum
Stalle auf!
Ihr sollt das Heil dort finden, das aller Zeiten Lauf
von Anfang an verkündet, seit eure Schuld geschah.
Nun hat sich euch verbündet, den Gott selbst ausersah.

Noch manche Nacht wird fallen auf Menschenleid
und -schuld.
Doch wandert nun mit allen der Stern der Gotteshuld.
Beglänzt von seinem Lichte, hält euch kein
Dunkel mehr,
von Gottes Angesichte kam euch die Rettung her.

Gott will im Dunkel wohnen und hat es doch erhellt.
Als wollte er belohnen, so richtet er die Welt.
Der sich den Erdkreis baute, der lässt den Sünder nicht.
Wer hier dem Sohn vertraute, kommt dort aus
dem Gericht.

❖

(Jochen Klepper, 1938)

7

Das Volk, das im Finstern wandelt, sieht ein großes Licht, und über denen, die da wohnen im finstern Lande, scheint es hell.

Jesaja 9,1

Ein Licht leuchtet auf

Die Bibel beschönigt nicht, wie dunkel das Leben sein kann. Ihre Botschaft ist klar: Wenn wir Gott außen vor lassen – wenn wir lieber unsere eigenen Wege gehen als seine –, dann führt das in die Finsternis.

Die Zeiten, in denen der Prophet Jesaja lebte, waren wirklich sehr finster. Salomos herrlicher Tempel war kein Ort wahrer Anbetung mehr, sondern der Schauplatz selbstsüchtiger Verderbtheit. Schlechte Könige hatten es versäumt, Israel auf seinen wahren König hinzuweisen. Es herrschte Ungerechtigkeit. Gottes Volk hatte sich daran gewöhnt, die Propheten zu ignorieren. Bei alledem lief das Leben aber nicht gut. Zu der Finsternis im Herzen und Handeln der Menschen gesellten sich die bedrohlich düsteren Anzeichen, dass aus dem Norden eine Invasion durch die mächtigen Assyrer bevorstand.

All das hatte zur Folge, dass die Israeliten »hart geschlagen und hungrig« waren. Ihre Ablehnung des Herrn ging aber so weit, dass sie es selbst jetzt noch vorzogen, zu »fluchen ihrem König und ihrem Gott«. Es wäre absolut verständlich gewesen, wenn der Herr sie der »Trübsal und Finsternis« und dem »Dunkel der Angst« überlassen hätte, ohne jedwede Hoffnung oder Zukunft (Jes 8,21–22). Sie wollten ihn nicht. Er hätte ihnen nur das gegeben, was sie selbst für sich gewählt hatten.

Doch unser Gott ist ein Gott, der seine Verheißungen erfüllt.

❖

Jesaja 8 endet mit einem herrlichen Wendepunkt. Genau dort, wo wir erwarten würden, dass Gott sich von diesem rebellischen Volk abkehrt, lesen wir: »Doch es wird nicht dunkel bleiben über denen, die in Angst sind« (Jes 8,23). Der Herr verlässt sein Volk nicht. Er lässt auch nicht zu, dass es im Elend versinkt. Nein, über diesem Volk im Finstern »ist ein Licht aufgeleuchtet« (Jes 9,1 SLT). Gottes Licht wird die selbst gewählte Dunkelheit der Sünde durchbrechen – letztlich und endgültig in der Gestalt des verheißenen Messias.

Jesaja schrieb etwa achthundert Jahre vor Jesu Kommen. Weshalb klingt es bei ihm dann so, als wäre Christi Ankunft bereits geschehen? Weil sie für ihn so real, so klar und gewiss war, dass er – inspiriert vom Heiligen Geist – das prophetische Perfekt verwenden konnte, um aufzuzeigen, was genau geschehen wird. Petrus, der nach dem Kommen Christi aus der Perspektive des ersten Jahrhunderts auf die Propheten zurückblickt, beschreibt, wie sie gewissermaßen auf Zehenspitzen stehend Ausschau hielten nach der Erfüllung der Worte, die sie niederschrieben (vgl. 1 Petr 1,10–11).

❖

Aber wie sollte das gehen? Wie konnte Jesajas Prophezeiung wahr werden? Wie kann an die Stelle von Dunkelheit Licht treten, an die Stelle von Krieg, Frieden, an die Stelle von Elend, Freude? Der Prophet schreibt: »*Du* weckst lauten Jubel, *du* machst groß die Freude« (Jes 9,2). Wer sorgt also dafür, dass all das geschieht? Gott allein, denn er ist die Quelle des Lichts und nur in seinem Licht können wir wirklich sehen. Es ist nicht machbar, dass Traurige getröstet und Zerschlagene geheilt werden, dass dieses Licht bei Menschen in Herz und Geist aufleuchtet – außer Gott bewirkt es.

Gerade wenn es so aussieht, als würde der Winter der Seele mit all seiner erdrückenden Traurigkeit hereinbrechen, leuchtet Gottes Licht. Es ist ein überwältigendes Licht, weil Gott ein Gott der unermesslichen Barmherzigkeit und Gnade ist. Er kommt in unsere Finsternis und Leere, um uns sein Licht, seine Freude und seinen Frieden zu bringen. Diese wunderbare Botschaft vermitteln uns auch die vielen Lichter, an denen wir uns in dieser Jahreszeit freuen.

❖

Nicht lange nach Jesajas Wirkungszeit befand sich Gottes Volk erneut in Angst und Schrecken. Fremde Herrscher hatten Israel besiegt, und seit vielen, vielen Jahren war kein Prophetenwort mehr zu hören. »Vielleicht ist es dieses Mal wirklich so weit«, mag das Volk gedacht haben. »Vielleicht hat der Herr jetzt endgültig die Nase voll.«

Doch wir wissen es besser. Wir wissen, dass in diese Dunkelheit hinein ein Kind geboren wurde. Die gute Nachricht von Weihnachten ist, dass der Gott der Bibel, das Licht der Welt, herabkam. Er kam in die Finsternis hinein, und sie konnte ihn nicht besiegen. Bist du heute von Finsternis umgeben – sei es die Finsternis deiner eigenen Sünde oder eine Finsternis, die durch die Sünde anderer verursacht wurde? Denk daran, diese Dinge können Gott weder einschüchtern noch überwältigen. Fasse Mut, denn in Jesus ist Gott nahegekommen. Durch seinen Geist kann und wird er Licht in die Dunkelheit bringen. Schau auf ihn und wandle in seinem Licht.

Zum Nachdenken:

- Lies nochmals den letzten Abschnitt. Muss sich deine Sicht auf diese Welt oder deine persönlichen Umstände ändern?
- Welchen Unterschied kann das Licht heute für dich machen?

❖

O komm, o komm, du Morgenstern,
lass dich uns schauen, unsern Herrn.
Vertreib das Dunkel unsrer Nacht
durch deines klaren Lichtes Pracht.
Freut euch, freut euch, der Herr ist nah.
Freut euch und singt Halleluja.

O komm, du Sohn aus Davids Stamm,
du Friedensbringer, Osterlamm.
Von Schuld und Knechtschaft mach uns frei
und von des Bösen Tyrannei.
Freut euch, freut euch, der Herr ist nah.
Freut euch und singt Halleluja.

O komm, o Herr, bleib bis ans End,
bis dass uns nichts mehr von dir trennt,
bis dich, wie es dein Wort verheißt,
der Freien Lied ohn Ende preist.
Freut euch, freut euch, der Herr ist nah.
Freut euch und singt Halleluja.

❖

(Text: Otmar Schulz 1975 nach dem englischen »O come, o come Emmanuel« von John Mason Neale, 1851/1861, © Verlag Singende Gemeinde, Stuttgart – Blessings 4 You GmbH, Stuttgart)

8

Denn uns ist ein Kind geboren, ein Sohn ist uns gegeben, und die Herrschaft ist auf seiner Schulter; und er heißt Wunder-Rat, Gott-Held, Ewig-Vater, Friede-Fürst.

Jesaja 9,5

Uns ist ein Kind geboren

Weihnachten ist Gottes endgültige Antwort auf all das Finstere in dieser Welt und alle Enttäuschungen des Lebens. An Weihnachten erkennen wir: Seine Antwort auf die Hoffnungen und Ängste so vieler Jahre ist ein neugeborenes Kind.

Seit in Eden ein Nachkomme verheißen wurde, der den Kopf der Schlange zertreten soll, hatten gottesfürchtige Männer und Frauen auf die Geburt dieses Kindes gewartet. Schon lange sehnte das Volk Israel die Ankunft dessen herbei, der der Inbegriff all ihrer Hoffnungen war. Die Propheten hatten das Kommen eines Messias angekündigt, und die Menschen erwarteten den Retter mit wachsender Spannung. Jesajas Prophetie, dass ein Licht in der Finsternis aufleuchtet, hatte diese Sehnsucht weiter geschürt, denn er verkündete wunderbare Details über die Identität und das Wirken des kommenden Königs. Das Volk Gottes musste damals allerdings noch mehrere Jahrhunderte auf sein Kommen warten. Bei uns ist das anders. Ich lade dich ein, heute mit mir in eine zweitausend Jahre alte Futterkrippe zu sehen und über den zu staunen, der dort liegt.

Dieses Kind ist unser »wunderbarer Ratgeber« (ELB). In der Antike zeichnete sich ein König zu einem gewissen Grad durch seine Ratgeber aus. Das Ausmaß seiner Macht und Herrschaft wurde an der Zahl von Beratern sichtbar, die ihm zur Verfügung standen. Ein weiser Herrscher gesteht sich ehrlich ein, dass er unmöglich über alles und jedes selbst Bescheid wissen kann. Deshalb benötigt er Leute, die ihn beraten. Nun sagte Jesaja aber über diesen König, dass er keinen Ratgeber haben wird – nicht, weil er unweise, sondern weil er die Weisheit in Person ist. Er ist selbst der wunderbare Ratgeber. Er ist nicht auf irgendeine Weisheit außerhalb von ihm angewiesen, um auf absolut vollkommene Weise und mit uneingeschränkter Autorität zu herrschen. Er braucht keinen Rat. Er macht keine Fehler. Niemals muss er bloß vermuten, was für seine eigenen Interessen oder für seine Untertanen wohl das Beste ist. Als wunderbarer Ratgeber hat er einen vollkommenen Plan.

❖

Dieses Kind ist unser »starker Gott« (ELB). Deshalb hat er die Macht, seinen vollkommenen Plan auch durchzuführen. Einen Plan zu haben, nützt nichts, wenn man ihn nicht ausführen kann. Hier sehen wir aber einen König, der auf dem Wasser gehen, Kranke heilen und Tote auferwecken kann. Er ist der göttliche König, dem nichts zu schwer ist. Christi Macht hat keine Grenzen – er ist der Herr der Schöpfung. Das Wunder, das alle anderen Wunder in den Schatten stellt, ist die Tatsache, dass dieser Gott in unsere Lebensumstände hineinkam. Er wurde verletzlich wie ein Geschöpf und nahm in seiner unendlichen Macht menschliche Schwachheit an. Wir sollten nicht aufhören, über dieses Kind in der Futterkrippe zu staunen, in dem wir mit den Augen des Glaubens den starken Gott erkennen.

❖

Dieses Kind ist unser »Ewig-Vater«. Wir haben Gottes Plan und seine Macht gesehen, jetzt kommen wir zu seiner Vaterschaft. Das

Kind, das Jesaja verhieß, ist unser ewiger Vater. Dieser Titel bezieht sich hier nicht auf die erste Person der Dreieinigkeit, denn es war Gott, der Sohn, der Mensch wurde. Jesaja macht deutlich, dass Jesus für sein Volk wie ein vollkommener Vater ist.

»Er hegt und pflegt uns wie ein Vater;
unsre Gebrechen kennt er wohl.
Sanft trägt er uns in seinen Armen,
er schützt uns vor der Feinde Drohn.«[5]

Anders gesagt: Nachdem Jesus uns in seine Familie aufgenommen hat, wird er uns für immer festhalten. Er hat sich nicht die Mühe gemacht, uns zu suchen, uns zu vergeben, uns anzunehmen und zu sich zu ziehen, um uns dann wieder fallenzulassen. »Ewig« bezieht sich nicht nur auf seine ewige Existenz, sondern meint seine niemals endende Fürsorge für uns. Es wird keinen Tag geben, an dem Jesus nicht weiß, was du brauchst. Es wird keinen Tag geben, an dem der Herr es nicht schafft, das zu bewirken, was du brauchst. Und es wird keinen Tag geben, an dem Jesus nicht gern für das sorgen will, was du brauchst. Seine Liebe zu dir ist wie die Liebe eines Vaters. Sie kennt keine Grenze und wird niemals aufhören. Der Herr der Schöpfung kümmert sich in jeder Hinsicht Tag für Tag wie ein vollkommener Vater um uns.

❖

Dieses Kind ist unser »Friede-Fürst«. Die Sünde richtet in unser aller Leben Verwüstung an. Sie trennt uns voneinander und von Gott. Von Natur aus sind wir alle »entfremdet und feindlich gesinnt« gegen unseren Schöpfer (Kol 1,21 SLT). Doch der Friedefürst ist gekommen! Jesus Christus kann den Bruch zwischen Gott und der Menschheit heilen, denn er hat in seiner Menschwerdung die Kluft zwischen Gott und uns überwunden und durch seinen Tod und seine Auferstehung eine Brücke über diese Kluft geschaffen. Nur er allein konnte den Platz einnehmen, den wir aufgrund unserer Sünde verdient hatten. Nur er allein liebt uns so sehr, dass er trotz unserer Sünde beschloss, unseren Platz einzunehmen. Frieden und Wohlergehen erlangt man nicht durch eigene Leistung. Es geht nicht darum, uns selbst auf Vordermann zu bringen oder im kommenden Jahr ein besserer Mensch zu sein als im vergangenen. Es geht darum, das anzunehmen, was Christus errungen hat.

❖

Unser Wunder-Rat, Gott-Held, Ewig-Vater und Friede-Fürst ist gekommen. Ohne Jesus haben wir in Wirklichkeit nichts, selbst wenn wir sonst alles besäßen; aber mit Jesus haben wir in Wirklichkeit alles, selbst wenn wir nichts besitzen. Wir dürfen uns freudig seinen Plänen unterstellen, unsere Knie unter seine Herrschaft beugen, uns auf seine liebevolle Fürsorge verlassen und seinem Frieden in unserem Herzen Raum geben. Dieses Kind – dieser König – ist für uns geboren.

Zum Nachdenken:

- ❖ Welche der vier Beschreibungen unseres Herrn Jesus Christus ist dir heute besonders kostbar geworden?
- ❖ Inwiefern gibt sie dir Grund, Jesus zu loben? Inwiefern gibt sie dir Grund, Jesus zu bitten, etwas in dir oder für dich zu tun?

❖

Tochter Zion, freue dich,
jauchze laut, Jerusalem!
Sieh, dein König kommt zu dir,
ja er kommt, der Friedefürst.
Tochter Zion, freue dich,
jauchze laut, Jerusalem!

Hosianna, Davids Sohn,
sei gesegnet deinem Volk!
Gründe nun dein ewig Reich,
Hosianna in der Höh!
Hosianna, Davids Sohn,
sei gesegnet deinem Volk!

Hosianna, Davids Sohn,
sei gegrüßet, König mild!
Ewig steht dein Friedensthron,
du, des ewgen Vaters Kind.
Hosianna, Davids Sohn,
sei gegrüßet, König mild!

❖

(Heinrich Ranke, um 1820)

9

Tröstet, tröstet mein Volk!, spricht euer Gott. ... Es ruft eine Stimme: In der Wüste bereitet dem Herrn den Weg, macht in der Steppe eine ebene Bahn unserm Gott! Alle Täler sollen erhöht werden, und alle Berge und Hügel sollen erniedrigt werden, und was uneben ist, soll gerade, und was hügelig ist, soll eben werden; denn die Herrlichkeit des Herrn soll offenbart werden, und alles Fleisch miteinander wird es sehen; denn des Herrn Mund hat's geredet.

Jesaja 40,1.3–5

Eine Botschaft voll Freude und Trost

»God Rest Ye Merry, Gentlemen« (dt. z. B. »Gott schenk euch Ruh, ihr lieben Leut«) ist ein traditionelles englisches Weihnachtslied, das schon seit langer Zeit gesungen wird. Es begegnet uns auch auf den ersten Seiten von Charles Dickens' Erzählung *Ein Weihnachtslied in Prosa*, wird dort aber abrupt unterbrochen. Jemand beginnt, das Lied zu singen, doch schon »beim ersten Vers ... griff Scrooge so heftig nach seinem Lineal, daß der Sänger bestürzt entwich«.[6] Scrooge hatte mit der »Botschaft voll Freude und Trost«, die der Refrain verkündet, nichts am Hut.

Lange bevor Dickens diese Geschichte schrieb und lange bevor dieses Lied zum ersten Mal gesungen wurde, schickte Gott seine Boten mit einer sehr klaren Botschaft los: »Tröstet, tröstet mein Volk!« Diese Aufforderung bezog sich auf Menschen, die nur noch ein Häufchen Elend waren – isoliert, unterdrückt, verzagt. Letztlich hatten sie ihre verzweifelte Situation (auch wenn sie es nicht wahrhaben wollten) der Tatsache zu verdanken, dass sie aufgehört hatten, auf Gott und seine Diener zu hören. Statt ihm zu gehorchen, hatten sie beschlossen, ihr Leben selbst in die Hand zu nehmen. Statt ihn zu ehren, hatten sie ihn ignoriert. Und nun waren sie zu dem Schluss gekommen, dass Gott sie vergessen haben muss – dass sie ihm egal sind.

In Wirklichkeit war es gerade andersherum. Es mag sein, dass das Volk sich von Gott entfernt, aber Gott wird sein Volk niemals aufgeben. Welch ein Trost!

❖

Jesajas Trostbotschaft kann gut mit vier Wörtern auf den Punkt gebracht werden. Das erste Wort ist *Verkündigung*. Es ist richtig, dass Jesaja diese Dinge gesagt hat, aber es ist gleichermaßen wahr, zu behaupten: »Des HERRN Mund hat's geredet.« Wir haben es mit einer seltsamen Doppelnatur zu tun und zugleich mit der wunderbaren Realität, dass letztlich Gott der Verkündiger ist, der seine Botschaft durch menschliche Werkzeuge ausrichten lassen wollte. Und seine Botschaft ist eine Botschaft des Trostes.

Worin besteht dieser Trost, der da verkündigt wird? In der Zusage, »dass ihre Knechtschaft ein Ende hat, dass ihre Schuld vergeben ist« und dass die Strafe für die Sünde bezahlt wurde (Jes 40,2). Im Prinzip sagt Gott zu seinem Volk: »Dieses Fiasko, diesen Ungehorsam – das hatten wir jetzt lange genug.« Das Volk hatte gesündigt und musste deshalb durch Leid gehen, aber das war nicht das Ende der Geschichte.

Jesaja 40 ist ein prophetisches Wort. Es wurde in die Situation von Jesajas Zeit hineingesprochen, meint aber auch eine zukünftige Realität, die sich erst noch in ihrer ganzen Fülle entfalten wird. Trotzdem spricht es auch heute zu uns. Wir haben gesündigt und mussten deshalb durch Leid gehen. Die Welt ist durchzogen von den Folgen der menschlichen Rebellion gegen unseren Schöpfer. Jesaja erinnert uns aber immer wieder daran: Das ist nicht das Ende unserer Geschichte. Gott tröstet aus Gnade sein erwähltes Volk: »Ich, ich tilge deine Übertretungen um meinetwillen und gedenke deiner Sünden nicht« (Jes 43,25). Er sagt zu uns: »Ich tilge deine Missetat wie eine Wolke und deine Sünden wie den Nebel. Kehre dich zu mir, denn ich erlöse dich!« (Jes 44,22). Eines Tages sollte jemand kommen, um die Sünden zu tragen und die Schmerzen auf sich zu laden (vgl. Jes 53,4–6) – jemand, der in sich als Person Freude und Trost bringen wird.

❖

Die Aufgabe besteht somit in der *Vorbereitung* – das ist unser zweites Wort. Ein zentraler Teil der verkündigten Botschaft ist der Ruf: »Bereitet dem HERRN den Weg …!« Deshalb erhielt Johannes der Täufer den Auftrag, das Kommen Jesu, des Herrn, anzukündigen. Er war die Erfüllung von Jesaja 40,3. In gewisser Hinsicht stehen jedoch auch wir in einer Reihe mit Johannes dem Täufer.

Wie können unsere Freunde, Nachbarn und Angehörigen erfahren, dass Jesus kam, um Freude und Trost zu bringen? Indem sie die Botschaft des Evangeliums hören. Wie kann sie die Einladung erreichen, den Weg für sein zweites Kommen zu bereiten – bereit zu sein, um ihn zu empfangen? Aus unserem Mund. Christen sind Botschafter, ganz egal, wer wir sind und wo Gott uns hingestellt hat. Unsere Aufgabe ist nicht deshalb bedeutsam, weil wir sind, wer wir sind, sondern wegen der erstaunlichen Botschaft, die uns anvertraut wurde: »Macht euch bereit, dem Gott zu begegnen, gegen den ihr gesündigt habt, der aber gekommen ist, um all eurer Sünde und eurem Leid ein Ende zu machen.«

❖

Das bringt uns zu Vers 4 und unserem dritten Wort: *Veränderung*. Mit der Ankündigung, dass alles Unebene »gerade« werden soll, erklärt Gott, dass er bei seinem Kommen alle Hindernisse beseitigen wird – Unglaube, Versuchung, Ungerechtigkeit und so weiter. Es gibt so vieles, was diese jetzige Welt von der Welt trennt, die Gott verheißen hat – und tatsächlich liegen viele dieser Hindernisse in unserem eigenen Herzen. Was können wir dagegen tun? In gewisser Hinsicht lautet die Antwort: Nichts! Das ist aber ein Trost, keine Entmutigung. Denn allein Gott kann Mauern niederreißen. Allein Gott kann Täler erhöhen, Berge erniedrigen und ein steinernes Herz erneuern. Und er verspricht, genau das zu tun.

Womit kämpfst du? Schaffst du es nicht, mit den Höhen des Stolzes fertig zu werden, mit den Tiefen eines fehlenden Selbstwerts oder mit der Länge deiner Versuchungen? Denk daran, Gott wird dich auf ebenen Boden stellen. Gott kann dich durch Schwierigkeiten hindurch- und über sie hinwegbringen, die du niemals allein bewältigen könntest. Bei ihm gibt es keine Rückschläge. Er überwindet alle Hürden. Er erreicht problemlos seine Ziele, und er kommt immer rechtzeitig.

❖

Damit sind wir bei unserem letzten Wort angekommen: *Offenbarung*. »Die Herrlichkeit des HERRN soll offenbart werden, und alles Fleisch miteinander wird es sehen ...« Gottes Herrlichkeit ist sein Wesen – eine Beschreibung, wer er ist. Gottes Herrlichkeit besteht darin, dass er barmherzig ist, gnädig, heilig, überfließend vor Liebe, langsam zum Zorn, seinen Bundesverheißungen treu und noch vieles mehr (vgl. 2 Mose 34,6). Diese Herrlichkeit hat er nirgends so umfassend und wundervoll offenbart wie an einem konkreten Punkt in der Geschichte: »Und das Wort ward Fleisch und wohnte unter uns, und wir sahen seine Herrlichkeit, eine Herrlichkeit als des eingeborenen Sohnes vom Vater, voller Gnade und Wahrheit« (Joh 1,14). Jesaja blickt voraus auf Weihnachten. Alles, was man über Gott in Menschengestalt wissen kann, sehen wir in Jesus. Deshalb ist seine Ankunft es wert, dass wir derart gründlich über sie nachdenken und sie gebührend feiern.

❖

Hier liegen also wahre Freude und echter Trost. Gott hat gesprochen. Sünde und Leid sind nicht das Ende der Geschichte. Der Ausgang ist von *Gottes* Handeln abhängig, nicht von unserem. Das bedeutet Hoffnung für das müdeste Herz und Wärme für das kälteste. Es bewahrt uns davor, zu Menschen wie Scrooge zu werden, auch wenn wir mit den Herausforderungen und Problemen des Lebens ringen. Gott ist in die Menschheitsgeschichte hineingekommen, und wir haben seine Herrlichkeit gesehen. Das ist für uns eine nicht zu überbietende, unerschütterliche Botschaft voll Freude und Trost.

Zum Nachdenken:

❖ Auf welche Weise sind diese Wahrheiten für dich in deiner konkreten Situation Freude und Trost?

❖ Wem kannst du die Botschaft weitergeben, indem du ihm von der Quelle wahrer Freude und echten Trostes erzählst?

❖

Gott schenk euch Ruh, ihr lieben Leut,
kein Schrecken soll euch drohn.
Denn Jesus Christ ward heut geborn,
der Heiland, Gottes Sohn.
Errettet uns von dunkler Macht,
wenn wir den Weg verlorn.
O Botschaft voll Freude und Trost,
Freude und Trost,
o Botschaft voll Freude und Trost.

Von Gott, dem Vater aller Welt,
ein Engel trat heran.
Er kündete den Hirten gleich
die frohe Botschaft an,
dass Gottes Sohn in Bethlehem
geborn für jedermann.
O Botschaft voll Freude und Trost,
Freude und Trost,
o Botschaft voll Freude und Trost.

❖

(Nach dem englischen Weihnachtslied
»God Rest Ye Merry, Gentlemen«, 1833 erstmals
publiziert; Übersetzung: Babette Dieterich
© dt. Text: Carus-Verlag, Stuttgart)

10

Und du, Bethlehem Efrata, die du klein bist unter den Tausenden in Juda, aus dir soll mir der kommen, der in Israel Herr sei, dessen Ausgang von Anfang und von Ewigkeit her gewesen ist. … Er aber wird auftreten und sie weiden in der Kraft des Herrn und in der Hoheit des Namens des Herrn, seines Gottes. Und sie werden sicher wohnen; denn er wird zur selben Zeit herrlich werden bis an die Enden der Erde. Und er wird der Friede sein.

Micha 5,1.3–4

O Bethlehem, du kleine Stadt

Vor siebzig Jahren hielt der Pastor und Bibelübersetzer J.B. Phillips eine Reihe von Vorträgen, die später als Buch veröffentlicht wurden. In einer Ansprache verwies er auf folgende Beobachtung:

»Wir sehen heute eine zerrissene und gespaltene Welt. Jeder denkende Christ ist mit derart vielen Nöten der Völker und mit derart komplexen Problemen konfrontiert, dass es mir verzeihlich scheint, wenn uns manchmal der Mut verlässt. ... Uns zum Trost sollten wir aber bedenken, dass die weltweiten Spannungen und das Leid für uns nur deshalb überwältigender erscheinen als für unsere Vorfahren, weil wir durch die modernen Möglichkeiten der Nachrichtenübermittlung weitaus besser als sie über diese Dinge informiert sind.«[7]

Die Technologien, auf die sich Phillips hier bezog, waren Errungenschaften wie die Wochenschau im Radio. Was würde er wohl zu Social Media, Smartphones und 24-Stunden-Nachrichtenkanälen sagen? Noch nie war es so einfach, informiert zu bleiben. Das ist in mancher Hinsicht ein Segen. Es kann aber auch erdrückend und angsteinflößend sein. Technologische Meilensteine kommen meistens mit dem Versprechen auf den Markt, Menschen näher zusammenzubringen – und dennoch bleibt Friede über alle Generationen hinweg eine flüchtige Angelegenheit, so sehr man sich auch nach ihm sehnen mag.

❖

Michas Generation ging es nicht anders. Das Volk sehnte sich nach Frieden. Rund siebenhundert Jahre vor Christi erstem Kommen belagerten Feinde Jerusalem, und die Bewohner der Stadt konnten kaum etwas tun, um sich zu verteidigen. Sie waren ein unterjochtes Volk, das keine Chance hatte, genügend Truppen zu sammeln, um dem Feind Widerstand zu leisten. Sie boten ein Bild großer Schande.

Für Gottes Volk muss das eine sehr verwirrende Zeit gewesen sein. Waren sie nicht ein auserwähltes Volk, für Gott abgesondert? Ruhte auf ihnen nicht Gottes große Verheißung, die Welt zu segnen und wiederherzustellen? Jetzt sah es aber so aus, als würde all das in Kürze zerschlagen werden. Vermutlich fragten sie sich: »Was ist mit Gottes Verheißungen? Werden wir jemals wieder Frieden finden?«

Die Antwort fiel anders aus, als sie es erwartet hatten.

Micha brachte eine Botschaft der Hoffnung, aber die Überraschung war, woher diese Hoffnung kommen sollte: Der verheißene Herrscher, der die Niederlagen rückgängig machen, die Trennungen heilen und Frieden bringen sollte, würde nicht aus Jerusalem, sondern aus Bethlehem kommen.

Jerusalem war die königliche Stadt, der Standort des Tempels und der vorrangige geographische Mittelpunkt für Gottes Volk. Bethlehem hatte dagegen niemand auf dem Schirm. Es war »klein … unter den Tausenden in Juda«. Es war kein Kandidat für die Top 100, und schon gar nicht für die Top 10. Doch die Bedeutung von Bethlehem liegt in seiner Bedeutungslosigkeit.

Wenn wir uns den sonstigen Verlauf der biblischen Geschichte ansehen, dann erkennen wir, dass das durchaus Sinn ergibt. So handelt Gott! Als Goliat das Volk Israel verhöhnte, flohen die starken und tapferen israelitischen Krieger. Stattdessen gebrauchte Gott einen kleinen, unbedeutenden Hirtenjungen – ausgerechnet aus Bethlehem! – mit fünf Steinen und einer Steinschleuder, um Gottes Volk zu befreien. Das ist Gottes Vorgehensweise.

Nun kündigte Micha an, dass noch einmal ein Hirten-König aus der kleinen Stadt Bethlehem kommen soll. Er wird den Platz des Herrschers einnehmen, wird seine Herde in der Kraft Jahwes weiden und dafür sorgen, dass alle, die ihm vertrauen, sicher wohnen. In ihm, so sagte Micha, wird Gottes Volk schließlich bleibenden Frieden finden.

Das ist nicht die Art von Botschaft, die sich jemand ausdenkt, der von der breiten Masse anerkannt werden will oder der darauf aus ist, dass die Leute ihm Glauben schenken! Dennoch kam der Messias ausgerechnet in diesen unbedeutenden Ort, um seine Herrschaft anzutreten. Das kleine Kind, das in Bethlehem in einer Futterkrippe lag, ist auch derjenige, dessen unaufhörliches Reich alle anderen Königreiche übertrifft. Die Geburt des Einen, durch den alles geschaffen wurde, wurde nicht den kulturellen Eliten bekannt gegeben, sondern ein paar unbedeutenden Hirten.

Wenn wir das Muster erkennen, wie Gott in früheren Zeiten gehandelt hat, wird uns klar, dass wir etwas Derartiges auch für das erste Weihnachten erwarten sollten. Schließlich ist das die Art, wie Gott handelt: an unauffälligen und vergessenen Orten sowie durch schwache und unscheinbare Menschen. Wir werden dadurch auf die Tatsache vorbereitet, dass der, auf dem alle Verheißungen Gottes ruhten, schließlich einen erniedrigenden Tod am Kreuz sterben sollte. Es erinnert uns daran, dass Gott auf diese Weise handelt und schon immer gehandelt hat. Das verändert auch unsere Sicht auf unser eigenes Leben.

❖

Ich habe ein kleines Bilderbuch mit dem Titel *Nur fünf Minuten Ruh'*.[8] Es erzählt die Geschichte einer Elefantenmama, die einfach fünf Minuten Ruhe und Frieden haben möchte – ohne ihre Kinder. Als sie jedoch versucht, sich eine kurze Auszeit zu nehmen, bricht erst recht das Chaos aus. Zweifellos ein Szenario, das jede Mutter kennt! Um uns tobt das Chaos und wir wünschen uns einfach nur ein paar Minuten Pause, aber oft scheint das ein Ding der Unmöglichkeit zu sein. Schau dich um und du wirst sehen, dass es offenbar nirgends wahren Frieden gibt, weder global noch in unserem Land, in unserer Stadt oder in unserem persönlichen Leben. Schon fünf Minuten Frieden sind für uns und unsere Welt unerreichbar – von dauerhaftem Frieden ganz zu schweigen.

Ist dein Leben in dieser Adventszeit überschattet von zerbrochenen Beziehungen, finanziellen Nöten, persönlichem Verlust oder anderen Enttäuschungen? Wenn das der Fall ist, habe ich eine gute Nachricht für dich: In dem Messias Jesus, der in der kleinen Stadt Bethlehem geboren wurde, darfst du wahren, dauerhaften Frieden finden. Das ist in erster Linie der Friede mit Gott, dann aber auch mit uns selbst und den Menschen, mit denen wir zu tun haben – indem wir lernen, in unserem Umgang mit Spannungen, Schwierigkeiten und Konflikten immer mehr den Gott des Friedens widerzuspiegeln.

Gott ist am Wirken, wenn auch dergestalt, dass es den meisten Menschen verborgen bleibt und die Medienkanäle keine Notiz davon nehmen – wie schon zu Michas und Jesu Zeiten. Der Messias, der Friede-Fürst, ist in diese Welt gekommen, um allen, die ihm vertrauen, seinen übernatürlichen und ewigen Frieden zu bringen. In welchen Herausforderungen du auch sonst stehen magst, du darfst dich über den Frieden mit deinem Schöpfer freuen, den er durch seinen Tod für dich gewann. Du bist mit dem Einzigen, dessen Meinung auf ewig zählt, im Frieden. Weil du das weißt, kannst du in deine Welt hinausgehen und durch seine Gnade danach streben, im Frieden zu leben.

Zum Nachdenken:

- Gibt es eine Beziehung, in die du heute versuchen kannst, Frieden zu bringen, weil du weißt, dass du bereits mit Gott im Frieden bist?
- Gott handelt an unauffälligen und vergessenen Orten sowie durch schwache und unscheinbare Menschen. Sollte dich diese Wahrheit eher etwas bescheidener machen oder eher ein bisschen aufbauen?

❖

O Bethlehem, du kleine Stadt, wie stille liegst du hier,
du schläfst, und goldne Sternelein ziehn leise über dir.
Doch in den dunklen Gassen das ewge Licht
heut scheint
für alle, die da traurig sind und die zuvor geweint.

Des Herren heilige Geburt verkündet hell der Stern,
ein ewger Friede sei beschert den Menschen nah
und fern;
denn Christus ist geboren, und Engel halten Wacht,
dieweil die Menschen schlafen die ganze dunkle Nacht.

O heilig Kind von Bethlehem, in unsre Herzen komm,
wirf alle unsre Sünden fort und mach uns frei
und fromm!
Die Weihnachtsengel singen die frohe Botschaft hell:
Komm auch zu uns und bleib bei uns,
o Herr Immanuel.

❖

(Phillips Brooks, »O little town of Bethlehem«,
1868; Übersetzung: Helmut Barbe)

Weihnachten

in den Evangelien

11

Dies ist das Buch der Geschichte Jesu Christi,
des Sohnes Davids, des Sohnes Abrahams.

Matthäus 1,1

Jedes Versprechen ist gehalten

Der Anfang des Neuen Testaments wirkt auf den ersten Blick nicht besonders inspirierend. Man stelle sich vor, jemand liest zum ersten Mal die Bibel von vorn bis hinten durch. Man liest am Ende des Alten Testaments das Buch Maleachi, in dem die Erwartung auf etwas Kommendes geschürt wird. Die Begeisterung dieses Lesers könnte dann etwas ausgebremst werden, wenn er sieht, dass das nächste Buch mit einem Geschlechtsregister beginnt! Er ist vielleicht (wie wir?) versucht, Matthäus zu überspringen und mit einem anderen Evangelium anzufangen.

Vor ein paar Jahren wurde mir plötzlich bewusst, dass ich es als Pastor über dreißig Jahre lang fertiggebracht hatte, die ersten siebzehn Verse dieses Evangeliums zu überspringen. Ich steuerte in der Weihnachtszeit immer direkt Vers 18 an: »Die Geburt Jesu Christi geschah aber so …« Diese Erkenntnis brachte mich dazu, mir die lange Namensliste am Anfang des Matthäusevangeliums etwas genauer anzusehen.

Markus kommt direkt zur Sache, Lukas informiert über seine Vorgehensweise und stellt eine Widmung an seinen ersten Leser voran und Johannes beginnt mit einer wunderbar poetischen Besinnung über die Göttlichkeit Jesu und seine ewige Existenz. Warum beginnt Matthäus mit einer Liste? Weil er verdeutlichen möchte, dass wir Jesu Kommen nicht verstehen können, solange wir es nicht im Licht des großen Bildes sehen, das die Bibel uns zeigt –

solange wir es nicht in den großen Rahmen der sich entfaltenden Pläne und Ziele Gottes einordnen. (Ich denke, Matthäus würde es begrüßen, dass wir in diesem Advents-Andachtsbuch mit 1. Mose beginnen und sein Evangelium erst am elften Tag erreichen!)

Im ersten Jahrhundert warteten die jüdischen Leser des Matthäusevangeliums gespannt darauf, wie Gott durch seinen Messias seine Verheißungen erfüllen wird. Deshalb konnte das Neue Testament eigentlich nicht passender beginnen als mit einem Geschlechtsregister. Matthäus zieht eine Linie von Abraham über David bis zu Jesus – dem Messias, der all die Verheißungen erfüllen sollte, die Gott seinem Volk im Lauf der Jahrhunderte gegeben hatte. Matthäus erzählt so die faszinierende Geschichte, wie Gott seiner Verheißung an Abraham, alle Völker auf Erden zu segnen, treu geblieben ist. Wenn er die königliche Abstammungslinie darlegt, dann verdeutlicht er, wie Gott seinem Bund mit David treu geblieben ist, indem er den König Jesus sandte. Außerdem zeigt Matthäus dadurch, dass die Zeit des geistlichen Exils bald ein Ende haben wird, so wie auch das körperliche Exil vorüberging. Der Wert dieser langen Liste besteht darin, dass sie uns die Rolle dieser Einzelpersonen in Gottes sich entfaltendem Plan bewusst macht, der seinen Höhepunkt in der Geburt Jesu findet. Zudem besteht ihr Wert in der Erkenntnis, dass sich die Linie auch durch Schwierigkeiten und finstere Zeiten zieht – durch Täler ebenso wie über Berggipfel – und dass Gott dennoch Tag für Tag und Generation um Generation seine Ziele verfolgte. Der Faden, der Abraham über David mit Jesus Christus verband, mag zuweilen dünn ausgesehen haben, aber Gott sorgte dafür, dass er nie abriss.

❖

Ähnlich greift auch Markus in seinem ganzen Evangelium immer wieder auf die Propheten zurück, die den angekündigt hatten, der da kommen sollte. Schon den zweiten Vers beginnt Markus mit: »Wie geschrieben steht im Propheten Jesaja« (Mk 1,2). Da Markus die Ereignisse der ersten Christnacht überspringt, begegnet uns Jesus bei ihm erst als Erwachsener, und Jesu erste Worte im Markusevangelium lauten: »Die Zeit ist erfüllt, und das Reich Gottes ist nahe herbeigekommen« (Mk 1,15). Jesu Jünger hatten das Vorrecht, das zu sehen, was Propheten und Könige so gern gesehen hätten – ein Vorrecht, das bis heute durch das erleuchtende Wirken von Gottes Wort fortbesteht.

Das Neue Testament zeigt uns: Das Mittel, durch das Gottes Verheißungen erfüllt werden, und der ganze Plan, den Gott während des Alten Testaments verfolgte, kann mit zwei Wörtern zusammengefasst werden: *Jesus Christus*. Gott griff in seinen Verheißungen an Israel auf Formulierungen und Kategorien zurück, die sie verstanden – Wörter wie »Volk« und »Tempel«. Christi Kommen definierte die alttestamentlichen Konzepte im Lichte des Evangeliums neu: Wir entdecken, dass die alttestamentlichen Prophezeiungen allesamt christologisch erfüllt werden – durch und in Christus. Deshalb hoffen wir nicht auf einen neuen Tempel im Staat Israel, sondern begegnen Gott durch seinen Sohn, unseren Herrn Jesus. Wir haben durch seinen Geist das Privileg seiner Gegenwart in uns. Zudem sehen wir auf die Realität von Christi Herrschaft, damit sie unser Leben heute und für immer verändert. Das Kommen von Gottes Sohn sprengt die Grenzen der alttestamentlichen Kategorien. Christus ist die vollkommene Erfüllung aller Verheißungen Gottes, er ist die Verwirklichung all der großen Zusicherungen Gottes.

Daher warten wir nun nicht mehr gespannt darauf, wie Gott wohl jede einzelne Verheißung erfüllen wird. Wir wissen, dass sie durch Christus allesamt erfüllt wurden und werden – damals, heute und in Ewigkeit. Er hat verheißen, bei uns zu sein, für uns und durch uns zu wirken und uns in sein ewiges, vollkommenes Reich zu bringen. Manchmal ist es schwer, an diesen Verheißungen festzuhalten. In solchen Zeiten schauen wir auf den Gott, der immer am Wirken ist, in den finsteren Tälern unseres Lebens wie auch auf den sonnigen Höhen. Wir vertrauen darauf, dass wir – selbst wenn wir jetzt noch nichts davon sehen – ihm eines Tages dafür danken werden, wie er zu unserem Besten und zu seiner Verherrlichung gewirkt hat. Wir blicken zurück auf einen Mann, der als Nachfahre Abrahams und Davids geboren und durch den Geist gezeugt wurde, der verkündigen konnte, dass die Zeit der Erfüllung da und das Reich Gottes nahe herbeigekommen ist. Er hing am Kreuz und erstand aus dem Grab, um genau das zu verwirklichen.

Zum Nachdenken:

- ❖ Bei welcher von Gottes Verheißungen fällt es dir am schwersten zu glauben, dass er sie hält bzw. halten wird?
- ❖ Wie stärken die Ereignisse der ersten Christnacht deine Zuversicht, dass du Gott auch in Bezug auf solche Verheißungen vertrauen kannst?

❖

Denn es ist uns ein Kind geboren,
uns zum Heil ein Sohn gegeben,
und die Herrschaft ist gelegt auf seine Schulter,
und sein Name soll heißen:
Wunderbar, Herrlicher, der starke Gott,
der Ewigkeiten Vater und Friedefürst!

❖

(Georg Friedrich Händel, »For Unto Us a Child Is Born«,
aus: »Messiah«; Übersetzung: C. D. Ebeling)

12

Siehe, du wirst schwanger werden und einen Sohn gebären, dem sollst du den Namen Jesus geben. … Da sprach Maria zu dem Engel: Wie soll das zugehen, da ich doch von keinem Manne weiß? Der Engel antwortete und sprach zu ihr: Der Heilige Geist wird über dich kommen, und die Kraft des Höchsten wird dich überschatten; darum wird auch das Heilige, das geboren wird, Gottes Sohn genannt werden.

Lukas 1,31.34–35

Wunder und Geheimnis zugleich

Weitaus bemerkenswerter als die Umstände von Jesu *Geburt* sind die seiner *Empfängnis*. Der Engel kündigte Maria damals an, dass sie ein Kind bekommen sollte, das über das gesamte Universum herrschen wird. In dem Wissen, dass sie noch Jungfrau war, stellte Maria daraufhin die vernünftige Frage: »Wie?« Mit dieser Frage gelangen wir zum Kern der Weihnachtsgeschichte – und der Geschichte eines jeden Christen.

❖

Wie sollte die Empfängnis dieses Kindes vor sich gehen? Gott wird dafür sorgen. Sie wird sein Werk sein. Der Begriff »überschatten« erinnert an die große Wolke, die den Israeliten in der Wüste Gottes Gegenwart anzeigte (vgl. 2 Mose 40,34–38). Das heißt: Diese Empfängnis sollte übernatürlich geschehen – auf eine Weise, die nur Gott allein tun konnte. Auch der, der geboren werden sollte, war übernatürlich – der heilige Sohn Gottes.

Die Christen der ersten Jahrhunderte studierten sorgfältig die Schrift, als sie nach den Implikationen der Menschwerdung fragten. Sie wollten den, der durch den Geist in Marias Leib empfangen wurde, wahrheitsgetreu beschreiben. So gelangten sie zu den Formulierungen, die uns in den frühen Glaubensbekenntnissen überliefert sind. Unsere geistlichen Vorfahren erkannten das Wunder der Menschwerdung, beugten sich vor diesem Geheimnis und bekannten, dass Jesus wahrer Gott und wahrer Mensch war und bleibt. Die Worte, mit denen sie das Geheimnis der Menschwerdung auf den Punkt brachten, sind es wert, dass wir sie betrachten und uns an ihnen erfreuen:

»Wir glauben … an den einen Herrn Jesus Christus,
Gottes eingeborenen Sohn,
aus dem Vater geboren vor aller Zeit:
Gott von Gott, Licht vom Licht,
wahrer Gott vom wahren Gott,
gezeugt, nicht geschaffen,
eines Wesens mit dem Vater;
durch ihn ist alles geschaffen.
Für uns Menschen und zu unserem Heil
ist er vom Himmel gekommen,
hat Fleisch angenommen
durch den Heiligen Geist von der Jungfrau Maria
und ist Mensch geworden.«
(Aus dem Nicänischen Glaubensbekenntnis, 325 n. Chr.)

Zu Weihnachten stehen wir jedes Jahr aufs Neue in der Versuchung, uns aufgrund unserer Vertrautheit mit der Krippenszene entspannt zurückzulehnen und die ehrfurchtgebietende Wahrheit zu übersehen: Wenn wir dieses Kind betrachten, das in einer Krippe in Bethlehem lag, dann sehen wir Gott höchstpersönlich in Knechtsgestalt.

Dieser Knecht hatte einen Auftrag. Er kam »für uns Menschen und zu unserem Heil«. Er kam, um »blinde Augen aufzutun, um Gefangene aus dem Kerker herauszuführen und aus dem Gefängnis, die in der Finsternis sitzen« (Jes 42,7 ELB).

Jesus veranschaulichte das während seines irdischen Wirkens auf wunderbare Art und Weise, indem er körperlich Blinde heilte. Die größere Not war jedoch nicht das fehlende körperliche, sondern das fehlende geistliche Sehvermögen. Er kam, um Menschen die Augen zu öffnen, die für Gottes Wahrheit blind waren.

Der Gott-Mensch kam auch, um Gefangene von ihren Fesseln zu befreien. Viele von uns kennen die Fesseln unserer Schuld. Wir haben zahllose Anläufe unternommen, um unserer Sünde mit Hilfe dieser oder jener vielversprechenden Methode zu widerstehen und ihren Folgen zu entkommen. Nichts davon funktioniert, nur Jesus kann helfen. Er zerbricht unsere Ketten und macht uns frei. Einst waren wir Sklaven der Sünde, aber jetzt sind wir gerettet. Unser Erlöser befreit die, die in der Finsternis sitzen, aus dem Kerker – vorausgesetzt, sie können sein Licht sehen.

In der Geschichte des Knechts geht es nicht um das, was wir tun müssen, sondern um das, was Jesus getan hat. Er kam in unsere Dunkelheit herab, in unsere Versklavung, in unsere Blindheit und erklärt: »Du hast versagt und das Gesetz übertreten, und du bist nicht in der Lage, deinen Zustand zum Besseren zu verändern. Aber ich rette Sünder. Ich öffne blinde Augen. Ich befreie Gefangene. Ich bringe Licht. Ich habe alles für dich getan, was nötig ist. Wende dich mir im schlichten Glauben und mit kindlichem Vertrauen zu, und du wirst sehen. Du wirst frei sein, und deine Dunkelheit wird dem Sonnenschein weichen.«

❖

Das erste Weihnachten verkündet, dass Gott auf übernatürliche Weise in den Lauf dieser Welt eingreift, um zu seinem guten Ziel zu gelangen. Die Bekehrung jedes einzelnen Christen verkündet die gleiche große Wahrheit. Gott hat souverän in Marias Leib ein Wunder gewirkt, um uns den Retter zu schenken. Genauso muss Gott auf übernatürliche Weise in das Leben eines Menschen eingreifen, um ihn zum rettenden Glauben zu bringen. Jesus erklärte dem religiösen Führer Nikodemus, dass niemand das Reich Gottes sehen kann, wenn er nicht von oben her geboren wird – eine Geburt, die Gott durch den Heiligen Geist bewirkt. Wenn wir die Errettung erlebt haben, dann nur deshalb, weil Gott das in uns getan hat. Wir haben zu unserer Befreiung von der Sklaverei der Sünde nicht mehr beigetragen als Maria zu ihrer Schwangerschaft, durch die sie unseren Erlöser zur Welt brachte. Die Antwort auf das »Wie?« unserer Erlösung lautet immer: »Gott hat es getan.«

Verneige dich deshalb heute vor dem Wunder und Geheimnis, dass Gott Mensch wurde. Verneige dich vor dem Wunder und Geheimnis, dass Gott dir die Augen dafür öffnet, wie sehr du seinen Sohn als deinen Retter brauchst. Denn auch das ist ein übernatürliches Wirken Gottes, nicht weniger als die Empfängnis von Gottes Sohn im Leib einer Jungfrau.

Zum Nachdenken:

- Denk über deine Bekehrung nach, wie du zum Glauben an Christus gekommen bist. Inwiefern veranlasst dich das dazu, Gott zu loben und zu danken?
- Ist das für dich ein Anreiz, den Menschen in deiner Umgebung von Christus zu erzählen? Warum?

Jesus ist kommen, Grund ewiger Freude;
A und O, Anfang und Ende steht da.
Gottheit und Menschheit vereinen sich beide;
Schöpfer, wie kommst du uns Menschen so nah!
Himmel und Erde, erzählet's den Heiden:
Jesus ist kommen, Grund ewiger Freuden.

Jesus ist kommen, nun springen die Bande,
Stricke des Todes, die reißen entzwei.
Unser Durchbrecher ist nunmehr vorhanden;
er, der Sohn Gottes, der machet recht frei,
bringet zu Ehren aus Sünde und Schande;
Jesus ist kommen, nun springen die Bande.

Jesus ist kommen, der starke Erlöser,
bricht dem gewappneten Starken ins Haus,
sprenget des Feindes befestigte Schlösser,
führt die Gefangenen siegend heraus.
Fühlst du den Stärkeren, Satan, du Böser?
Jesus ist kommen, der starke Erlöser.

Jesus ist kommen, der König der Ehren;
Himmel und Erde, rühmt seine Gewalt!
Dieser Beherrscher kann Herzen bekehren;
öffnet ihm Tore und Türen fein bald!
Denkt doch, er will euch die Krone gewähren.
Jesus ist kommen, der König der Ehren.

❖

(Johann Ludwig Konrad Allendorf, 1736)

13

Josef, du Sohn Davids, fürchte dich nicht, Maria, deine Frau, zu dir zu nehmen; denn was sie empfangen hat, das ist von dem Heiligen Geist. Und sie wird einen Sohn gebären, dem sollst du den Namen Jesus geben, denn er wird sein Volk retten von ihren Sünden.

Matthäus 1,20–21

O Jesu Nam', du klingst so süß

Das Kind, das im Mittelpunkt der ersten Christnacht steht, hat viele herrliche Namen: König, Schöpfer, Herr, Richter, Sohn Gottes, Sohn Davids, Meister, »Ich bin«, der Erste und der Letzte, und so weiter. Josef erhielt aber von dem Engel den Auftrag, ihm bei seiner Geburt einen ganz bestimmten Namen zu geben – und es lohnt sich zu fragen, was Gott dabei im Sinn hatte. Warum »Jesus«?

Der Name an sich war nicht ungewöhnlich. Er ist die griechische Version des alttestamentlichen hebräischen Namens Josua bzw. Jeschua und bedeutet: »Der Herr rettet«. Es hätte sicherlich viele würdige Namen für ihn gegeben, aber dieser Name, unter dem man den menschgewordenen Sohn Gottes nun kennen würde, war eine fortwährende Erinnerung daran, dass Gott durch ihn ein rettendes Werk tut. Der Engel nannte als Begründung für diesen Namen: »denn er wird sein Volk retten von ihren Sünden«. Viele Jahre später verkündete Petrus: »Es ist kein anderer Name unter dem Himmel den Menschen gegeben, in dem wir gerettet werden sollen!« (Apg 4,12 SLT).

Es ist ein kostbarer Name. Trotzdem behandeln ihn so viele Menschen als etwas Nebensächliches oder sogar Gotteslästerliches. Für viele Leute ist der Name »Jesus« uninteressant, außer vielleicht beim Fluchen. Die Menschen halten sich oft für viel zu beschäftigt, um darüber nachzudenken, was sein Name für sie persönlich bedeuten könnte, und so wird Jesus letztlich beiseitegeschoben. Andere verirren sich durch ihr Bestreben, für alles offen zu sein. Sie wollen sämtliche Auffassungen über das Göttliche als gleichermaßen gültig betrachten. Durch diese offene Haltung verschließen sie aber ihre Herzen dem Glauben an einen Gott, der wirklich vom Himmel herabkam, um Menschen auf der Erde zu retten. Sie glauben, er sei vielleicht ein Vorbild, ein Lehrer oder eine Inspiration, aber keinesfalls könne es sich bei ihm um den realen Sohn Gottes handeln, der kam, um reale Menschen von ihren realen Sünden zu retten. Diese Sicht klingt vielleicht ehrerbietig, widerspricht aber der Bedeutung des Namens Jesu.

Wir, die wir uns Christen nennen – die Sorte von Leuten, die im Advent ein Andachtsbuch lesen –, schütteln über all das schnell den Kopf. Doch auch wir sollten uns hinterfragen, denn selbst bekennende Christen sind nicht vor der Gefahr gefeit, den Namen Jesu zu entehren. Religiöse Übungen, die nicht im Glauben an den auferstandenen Herrn verankert sind, untergraben die Realität, die sein Name verkündet. Wenn wir uns Christen nennen, ohne dass unser Leben verändert wurde und ohne dass wir eine persönliche, vertraute Beziehung zu Jesus haben, dann missbrauchen wir seinen Namen (vgl. 2 Mose 20,7). Christ zu sein heißt nicht, einfach die guten Werke zu tun und die religiösen Handlungen durchzuführen, die die Bibel vorgibt, und die Taten zu unterlassen, die die Bibel verbietet. Es heißt vielmehr, aus Gnade durch den Glauben mit Christus vereint zu sein – ihn zu kennen und ihm zu vertrauen.

❖

Vielleicht ist diese Vorweihnachtszeit eine gute Gelegenheit, um innezuhalten und dich ehrlich zu fragen: »Was bedeutet mir der Name ›Jesus‹?« Wenn du erkannt hast, wie sündig du bist, und du im Glauben Jesus als deinen Retter angenommen hast, dann gibt es für dich keinen kostbareren Namen als den seinen. Es mag eine Zeit gegeben haben, in der du ihn auf Distanz gehalten hast oder dachtest, du könntest dich durch gute Werke retten, aber das ist vorbei. Jetzt sind dir der Name Jesu, er als Person und sein Werk kostbar, denn du bist ihm nahegekommen und hast sein Mitgefühl, seine Güte und Barmherzigkeit erlebt.

Entweder bedeutet uns Jesus an diesem Christfest alles oder er bedeutet uns nichts. Wenn wir ihn aber als unseren Retter kennengelernt haben, wie süß klingt sein Name dann für uns! Das ist der Name, in dem wir uns der Vergebung und unserer Zukunft gewiss sein dürfen, der uns in unseren Niederlagen und Schwächen tröstet, der uns im Auf und Ab des Alltags Freude schenkt und der unsere Seele in Schwierigkeiten ruhig macht:

»O Jesu Nam, du klingst so süß
in jedes Gläub'gen Ohr!
Du bringst uns nah das Paradies
und hebst das Herz empor!«[9]

Jesus wurde in Bethlehem geboren, um – wie der Engel zu Josef sagte –, »sein Volk [zu] retten von ihren Sünden«. Er tat das, indem er den Frieden zwischen ihnen und Gott wiederherstellte und ihnen die Verheißung eines ewigen Lebens mit ihm schenkte. Der Name, den der menschgewordene Sohn Gottes bekam, war bedeutsam. Ehe du nun dieses Buch aus der Hand legst und in deinen Tag startest oder zu Bett gehst: Nimm dir doch ein paar Minuten Zeit, um über den Namen »Jesus« nachzudenken. Mach dir bewusst, wie kostbar dir dieser Name ist. Finde Ruhe in der Gewissheit, dass du dich auf ewig an seinem Namen erfreuen wirst, wenn du in der Herrlichkeit stehen und Jesus von Angesicht zu Angesicht sehen wirst.

Zum Nachdenken:

- ❖ Was bedeutet dir der Name »Jesus«?

❖

O Jesu Nam, du klingst so süß
in jedes Gläub'gen Ohr!
Du bringst uns nah das Paradies
und hebst das Herz empor!

Verwundte Herzen heilest du,
bist jedes Müden Kraft,
du gibst den Schwerbeladnen Ruh,
und Mut zur Ritterschaft.

Mein sichrer Fels in wilder Flut,
mein ein'ger Bergungsort,
mein Schutz bei grauser Stürme Wut,
mein letzter Ruheort.

Mein Herr und König, Freund und Hirt,
mein Priester und Prophet,
mein Weg und Ziel, wenn ich verirrt,
mein Heil, sei hoch erhöht!

❖

(John Newton, »How Sweet the Name of Jesus Sounds«, 1779; Übersetzung: Ernst Gebhardt)

14

Es begab sich aber zu der Zeit, dass ein Gebot von dem Kaiser Augustus ausging, dass alle Welt geschätzt würde. Und diese Schätzung war die allererste und geschah zur Zeit, da Quirinius Statthalter in Syrien war. Und jedermann ging, dass er sich schätzen ließe, ein jeglicher in seine Stadt. Da machte sich auf auch Josef aus Galiläa, aus der Stadt Nazareth, in das judäische Land zur Stadt Davids, die da heißt Bethlehem, darum dass er von dem Hause und Geschlechte Davids war, auf dass er sich schätzen ließe mit Maria, seinem vertrauten Weibe; die war schwanger. Und als sie daselbst waren, kam die Zeit, dass sie gebären sollte.

Lukas 2,1–6

Übernatürliche historische Tatsachen

Im ersten Kapitel des Lukasevangeliums stellt sich der Autor einleitend als detailgetreu arbeitender Historiker vor. Kaum ist das geschehen, führt er uns in eine Umgebung, in der ein übernatürliches Ereignis auf das andere folgt. Die Geschichte von Jesu Geburt ist erfüllt von Engeln, Prophezeiungen und Wundern – und in Lukas' Bericht werden diese Geschehnisse nicht als phantasievolle Legenden oder poetische Betrachtungen präsentiert, sondern als wahre, historische Ereignisse.

Heutzutage liegt es im Trend, auf der Suche nach Wahrheit zu sein, aber man bricht ein Tabu, wenn man sagt, man habe sie gefunden. Unsere Kultur möchte uns glauben lassen, es sei zwar in Ordnung, ein Konzept oder eine Idee darzulegen, aber wir sollten dafür keine Gewissheit beanspruchen. Lukas sah das anders. Er gab sich nicht mit weniger zufrieden als mit gesichertem Wissen – für sich selbst und für andere.

Aus diesem Grund informiert uns Lukas zwischen all den übernatürlichen Ereignissen auch über politische, soziale, geographische und historische Gegebenheiten. Das mag banal wirken, ist aber wichtig. Uns wird vor Augen geführt, dass alle diese Ereignisse in einem realen, historischen Kontext stattfanden. Die Leute hatten damals zwar weder Google noch Social Media, aber sie wussten, wer wann Statthalter gewesen war. Man hätte in den amtlichen Meldelisten nach Josefs Namen suchen können. Der Schreiber dieses Evangeliums präsentiert uns keine Philosophie und keine Idee, nicht einmal eine Religion. Durch jedes Wort und jedes Detail macht Lukas deutlich, dass die Geschichte Jesu nicht im luftleeren Raum schwebt.

Für die Geschichtsschreiber des ersten und zweiten Jahrhunderts bestand kein Zweifel, dass Jesus real existiert hatte. Der römische Geschichtsschreiber Tacitus, der im frühen zweiten Jahrhundert schrieb, hatte keinerlei Interesse, den Anspruch Christi zu untermauern, aber er war voll und ganz davon überzeugt, dass Jesus kein Mythos war.[10] Auch der jüdische Geschichtsschreiber Josephus, der 93 n. Chr. schrieb, bestätigte die Tatsache, dass Jesu Leben, Tod und Auferstehung von seinen Nachfolgern verkündigt wurden.[11]

Die Sache ist die: Wenn wir lesen, dass Maria ihren erstgeborenen Sohn in eine Krippe legte, dann ist das real so passiert. Wenn wir lesen, dass dieses Kind, das sie gebar, durch die Kraft des Heiligen Geistes gezeugt wurde, dann ist das real so passiert. Die übernatürlichen Elemente sind ein wesentlicher Bestandteil dieses Evangeliums. Lukas verweist immer wieder auf historische Einzelheiten, um den Anspruch zu betonen, dass sein Evangelium im Bücherregal nicht bei den Romanen, sondern bei den Geschichtsbüchern eingeordnet werden muss.

❖

Um Weihnachten herum erscheinen alljährlich Zeitschriftenartikel, die versprechen, nun die »wahre« Geschichte der ersten Weihnacht zu enthüllen, indem sie alles Wunderhafte daraus entfernen. Das ist aber nicht möglich. Ohne das Übernatürliche gibt es kein Weihnachten und kein Evangelium. Die Geschichte, die das Lukasevangelium erzählt, ist als Ganze übernatürlich, nicht nur ihr Anfang, denn sie ist die Geschichte, wie der Schöpfer des Universums in die Zeit eintritt und sich dort als Retter und König offenbart. Es wäre sicherlich noch seltsamer, wenn der allmächtige Gott *nicht* auf völlig übernatürliche Weise diese Welt betreten und verlassen würde, ohne dass wir Sterblichen uns verwundert die Augen reiben! Tatsächlich begegnen uns bei all diesen übernatürlichen Geschehnissen in Lukas' Bericht gläubige Menschen, die in der Schrift geforscht hatten. Sie warteten nun sehnlichst darauf, dass Gott auf eine Weise in ihre Lebenswelt einbricht, wie es nie zuvor geschehen war und auch nicht wieder geschehen wird. Als Gott dann kam, waren sie darauf vorbereitet, dass Gott kommt und das tun wird, was nur er tun kann. Diese Menschen waren es, die auf die Ereignisse mit Glauben und ehrfürchtigem, freudigem Staunen reagierten.

Ohne das allmächtige, wundersame Eingreifen Gottes in die Zeit ist das Christentum letztlich bedeutungslos. Gott ist gekommen, um uns zu begegnen, und er kam nicht in die Bibliotheken oder Hörsäle – zu denen, die darüber philosophieren, was aus menschlicher Perspektive wohl möglich oder plausibel ist. Er kam auch nicht in die Schaltzentralen der politischen Macht oder in den Palast des Kaisers Augustus. Er kam, um uns in einem Stall in Bethlehem zu begegnen. Er kam, um uns an einem römischen Kreuz auf Golgatha zu begegnen. Und er begegnet uns auch jetzt durch seinen Heiligen Geist. Sein Wirken geschieht so, dass wir es weder erklären noch vorhersagen können. Wie wir schon vorgestern festgestellt haben, zeigt uns Weihnachten, dass Gott auf übernatürliche Weise in seine Welt eingreift. Man kann das nicht oft genug wiederholen, denn unsere Kultur zieht uns in die entgegengesetzte Richtung – sie bestreitet gern das Übernatürliche und verachtet jeden, der sich des Übernatürlichen gewiss ist. Sowohl die Jungfrauengeburt als auch Jesu Auferstehung aus dem Grab verweisen uns jedoch auf die Tatsache, dass Gott auf unerklärliche Weise handelt. Es ist möglich, Gewissheit darüber zu haben, wer er ist und was er getan hat. Nicht derjenige ist stolz, der Gewissheit über etwas hat, das er zwar nicht selbst gesehen hat, das aber in Gottes Wort bezeugt ist. Stolz ist, wer sich weigert, auch nur in Betracht zu ziehen, dass Gott in seine Schöpfung eingreift, und das lediglich, weil er nicht versteht, wie Gott das wohl gemacht hat.

Die Adventszeit eignet sich wunderbar dafür, über das Geheimnis von Gottes übernatürlichem Wirken in der Geschichte nachzudenken. Unsere Herzen werden dann neu ergriffen von dem Wunder der übernatürlichen Liebe, die der dreieinige Gott zu uns hat. Unsere Augen werden darauf vorbereitet, zu sehen, auf welch überraschende Weise Gott immer wieder in und um uns wirkt. Er hat in seinem Wirken Mittel und Wege, die wir nicht erklären und auch nicht vorhersehen können – aber wir dürfen uns daran freuen und ihn dafür preisen.

Zum Nachdenken:

- ❖ Stehst du in der Gefahr, so zu leben, als würde Gott heute nicht mehr übernatürlich handeln?
- ❖ Welchen Unterschied könnte es für dein Beten, deine Entscheidungen und deine Wahrnehmung des aktuellen Zeitgeschehens machen, wenn du bedenkst, dass Gott immer noch in dieser Welt am Wirken ist?

❖

In der Nacht von Bethlehem, da ist ein Kind geboren.
Gottes Liebe kam zu uns, wir sind nicht mehr verloren:
Jesus, Heiland der Welt! Jesus, Heiland der Welt!

Endlich ist die Dunkelheit bezwungen.
Gottes Licht ist zu uns durchgedrungen.
Endlich ist die Nacht vorbei
und endlich werden Menschen frei;
das Ende wird zum Anfang:
Gott ist da!

Weinende, die sollen nicht mehr weinen.
Mutlosen soll neue Hoffnung scheinen.
Einsame sind nicht allein,
denn Gott will auch bei ihnen sein,
das Leben ist erschienen:
Gott ist da!

Wer du bist, Gott will auch dir begegnen.
Er will jetzt dein ganzes Leben segnen.
Lass ihn in dein Leben ein,
denn du sollst seine Wohnung sein,
sein Licht wird dich erfüllen:
Gott ist da!

❖

(Text & Melodie: Peter Strauch,

15

Und da die Engel von ihnen gen Himmel fuhren, sprachen die Hirten untereinander: Lasst uns nun gehen gen Bethlehem und die Geschichte sehen, die da geschehen ist, die uns der Herr kundgetan hat. Und sie kamen eilend und fanden beide, Maria und Josef, dazu das Kind in der Krippe liegen. Da sie es aber gesehen hatten, breiteten sie das Wort aus, welches zu ihnen von diesem Kinde gesagt war.

Lukas 2,15–17

Sehen und weitersagen

So naheliegend es für uns Menschen auch scheint, dass Gott sich vor allem für die Angesehenen, Mächtigen und Reichen interessiert – Lukas macht in seinem gesamten Evangelium deutlich: Die Realität sieht völlig anders aus. Wieder und wieder wendet sich Gott den Geringsten, den Schwächsten und den Außenseitern zu. Für uns ist es oft überraschend, wie und durch wen er wirkt.

Die Hirten aus Lukas 2 passten perfekt in dieses Schema. Wir dürfen den Hirtenalltag nicht idealisieren, diese Männer führten ein hartes und einsames Leben. Das war kein gefragter Beruf. Auch in der ersten Christnacht waren jene Hirten »auf dem Felde bei den Hürden« und »hüteten des Nachts ihre Herde« (Lk 2,8). Dabei blieb es aber nicht. Ein Engel erschien, um ihnen »große Freude« zu verkündigen, nämlich die Geburt des langersehnten Messias. Dann erklärte er ihnen, dass sie ihn in einer Krippe liegend finden werden (vgl. Lk 2,9–12).

Der Schöpfer des Universums – in einer *Futterkrippe*?! Wie sollten die Hirten das glauben, was sie soeben gehört hatten? »Lasst uns nun gehen … und die Geschichte sehen, die da geschehen ist, *die uns der Herr kundgetan hat.*« Sie verstanden, dass sie eine göttliche Erscheinung gehabt und eine Botschaft aus dem himmlischen Thronsaal erhalten hatten. Auf der Grundlage dieser Erkenntnis handelten sie. Und natürlich fanden sie alles so vor, wie der Engel es angekündigt hatte.

Diese Hirten machten sich auf den Weg, um denjenigen zu suchen, der gekommen war, um sie zu suchen. Sie zogen los, um die Wohnung dessen zu finden, der vom Himmel gekommen war, um bei Menschen wie ihnen zu wohnen:

»Jesus, mein Heiland, nach Bethlehem kam,
und unsre Schwachheit, als Mensch, übernahm;
O, es war wunderbar – Heil seinem Nam'!
Er sucht' nach mir, nach mir!
Suchte nach mir, nach mir!«[12]

❖

Nur durch die Augen des Glaubens erkannten die Hirten, dass die Botschaft des Engels nicht nur ein Traum war, und nur deshalb machten sie sich auf, um nach dem Messias in der Krippe zu suchen. Ebenso können auch nur die Augen des Glaubens diesen Bericht im Lukasevangelium lesen und dabei wissen, dass er wahr ist. Von Natur aus würden wir sagen: »Es ist vollkommen ausgeschlossen, dass dieses Kind in der Krippe Gott ist. Es ist vollkommen ausgeschlossen, dass der Mann am mittleren Kreuz der Retter der Welt ist.« Allein aus Gnade und durch den Glauben kann es geschehen, dass uns die Hinweise, die Gott in seinem Wort und in seiner Welt offenbart, neugierig machen, uns zum Nachforschen anreizen und uns schließlich durch die Kraft seines Heiligen Geistes zum echten Glauben und dem Geschenk der Erlösung führen. Wenn du also glaubst, dann geh heute Abend vor dem Schlafengehen auf deine Knie und danke Gott dafür, dass er deine blinden Augen geöffnet und dein hartes Herz weich gemacht hat. Danke ihm dafür, dass er dich unter die Menschen seines Wohlgefallens aufgenommen hat.

❖

In jener ersten Christnacht ergriff Gott in seiner Gnade auf wunderbare Weise die Initiative, und die Hirten reagierten mit Glauben. Sie glaubten der Botschaft des Engels und machten sich eifrig auf die Suche nach der Krippe. Weil ihnen diese Suche wichtiger war als ihr Lebensunterhalt und alles, was sie kannten, brachen sie sofort auf, um den Retter der Welt mit eigenen Augen zu sehen.

Beachte, dass ihr Handeln im Glauben aber nicht damit endete – nicht enden *konnte* –, dass sich die Ankündigung des Engels als wahr erwies und sie Jesus in der Krippe liegen sahen. »Da sie es aber gesehen hatten, breiteten sie das Wort aus, welches zu ihnen von diesem Kinde gesagt war.« Mit anderen Worten: Sie verkündeten die Tatsachen, die Gott ihnen offenbart hatte und die sie selbst bezeugen konnten.

Wir wissen nicht, was genau die Hirten in ihrem Umfeld berichteten, aber klar ist: Sie konnten nicht anders, als davon zu reden, was Gott ihnen offenbart hatte. Wir wissen auch nicht, wem sie davon erzählten, aber wir lesen, dass die, die es hörten, sich darüber wunderten (vgl. Lk 2,18). Was für eine schöne Veranschaulichung, wie wir auf Gottes Botschaft reagieren sollten! Echter Glaube will die Freude an Gottes Herrlichkeit und Offenbarung nicht für sich behalten.

Die Verkündigung der Hirten fügt sich bestens in die Botschaft des Lukasevangeliums insgesamt ein: Das Heil für die ganze Welt ist allein in Jesus Christus zu finden. Diese gute Nachricht kam auf unerwartete Weise herab zu einer unerwarteten Gruppe von Menschen an einem unerwarteten Schauplatz. Und doch bringt diese Botschaft auch nach mehr als zweitausend Jahren Menschen auf der ganzen Welt Freude und Veränderung, sie ist ein Grund zum Feiern. Das sieht unserem Gott ähnlich!

❖

In Bethlehem kann man nicht einfach in die Geburtskirche hineinschlendern. Dafür ist die Tür zu niedrig. Wer diesen Ort betreten möchte, der an die Geburt Jesu erinnert, hat nur eine Möglichkeit: sich bücken, sich niederbeugen, in die Knie gehen. Das ist ein gutes Bild dafür, wie man zu Jesus kommt, aber auch, wie man hinausgeht, um von Jesus zu erzählen. Es wirft für uns die Frage auf: Bin ich bereit, mich vor Christus zu demütigen? Bin ich wie jene Hirten bereit, meine bisherigen Ansichten und Pläne aufzugeben, um diesen Retter kennenzulernen, ihm zu folgen und ihn zu verkünden?

Was hält jemanden davon ab, auf die Botschaft des Evangeliums so zu reagieren wie die Hirten? Nur eines: Stolz. Stolz hätte die Hirten auf den Feldern bleiben lassen, zwar im Besitz einer Engelsbotschaft, aber ohne Beziehung zu Christus. Stolz hindert uns daran, unsere Knie vor Jesus zu beugen. Stolz fürchtet Spott oder Ablehnung und hält uns davon ab, den Menschen in unserem Umfeld von Christus zu erzählen.

Das Christfest wird für die Demütigen lebendig. Lasst uns Menschen sein, die sich beugen, deren Herzen sich vor Gottes Herrlichkeit neigen und den Einen verehren, der sich als Erster demütigte, indem er als Kind und König zu uns kam. Und dann lasst uns Menschen sein, die die Botschaft weitersagen, wo auch immer Gott uns hingestellt hat und wohin auch immer er unsere Schritte lenkt.

Zum Nachdenken:

- Zu wem wirst du in den nächsten Tagen – noch vor Weihnachten – gehen, um ihm das Evangelium zu bringen?
- In welcher Weise könnte dich Stolz daran hindern, und wie kannst du ihn überwinden?

❖

Kommet, ihr Hirten, ihr Männer und Fraun,
kommet, das liebliche Kindlein zu schaun,
Christus, der Herr, ist heute geboren,
den Gott zum Heiland euch hat erkoren.
Fürchtet euch nicht!

Lasset uns sehen in Bethlehems Stall,
was uns verheißen der himmlische Schall;
was wir dort finden, lasset uns künden,
lasset uns preisen in frommen Weisen.
Halleluja!

Wahrlich, die Engel verkündigen heut
Bethlehems Hirtenvolk gar große Freud:
Nun soll es werden Friede auf Erden,
den Menschen allen ein Wohlgefallen.
Ehre sei Gott!

❖

(Karl Riedel, 1870, nach einem böhmischen Weihnachtslied)

16

Da Jesus geboren war zu Bethlehem in Judäa zur Zeit des Königs Herodes, siehe, da kamen Weise aus dem Morgenland nach Jerusalem und sprachen: Wo ist der neugeborene König der Juden? Wir haben seinen Stern aufgehen sehen und sind gekommen, ihn anzubeten. ... Als sie nun den König gehört hatten, zogen sie hin. ... Da sie den Stern sahen, wurden sie hocherfreut und gingen in das Haus und sahen das Kindlein mit Maria, seiner Mutter, und fielen nieder und beteten es an ...

Matthäus 2,1–2.9–11

Weisheit betet an

Von Krippendarstellungen ist uns das Bild wohlbekannt: die Weisen aus dem Morgenland, die gekommen sind, um den König der Juden zu suchen. Ihr Erscheinen wirft aber sofort einige Fragen auf. Wer waren sie? Woher kamen sie? Und warum haben sie diese Reise gemacht?

Das Einzige, das wir über diese Besucher des neugeborenen Königs Jesus erfahren, ist, dass es sich um »Weise« handelte. Manche Bibelübersetzungen nennen sie auch »Sterndeuter«, um darauf hinzuweisen, dass sie die Bewegungen der Sterne studierten. Sie waren aber nicht einfach nur Astronomen oder Astrologen. Vielmehr beobachteten sie den Nachthimmel und zogen aus dem, was sie sahen, theologische Schlüsse. Diese Männer waren gewissermaßen theologische Wissenschaftler. Sie suchten ernsthaft nach der Wahrheit und sie wollten unbedingt herausfinden, wohin die Hinweise sie führen würden, auf die sie gestoßen waren.

Bei ihrer Ankunft in Jerusalem lautete deshalb ihre große Frage: »Wo ist der neugeborene König der Juden?« Sie waren zu der Überzeugung gelangt, dass in Juda ein bedeutender König geboren sein muss, und sie hatten eine weite Reise unternommen, um ihn ausfindig zu machen. Es war ihnen tiefernst damit, die Antwort auf ihre Frage zu finden – sonst hätten sie nicht so gehandelt, wie sie es taten! Falls sie aus Babylon kamen (was möglich ist, obwohl wir es nicht mit Sicherheit wissen), dann legten sie auf ihrer Reise nach Jerusalem etwa 1.300 Kilometer zurück. In einem babylonischen Bistro zu sitzen und über theologische Fragen zu diskutieren, ist keine große Sache – aber was diese Männer gemacht haben, ist erstaunlich. Sie waren auf ein Zeichen von Gottes Wirken in dieser Welt gestoßen und traten daraufhin eine beschwerliche Reise an, um nach der Wahrheit zu suchen.

Der Umstand, dass die Weisen durch das Studium der Sterne die Wahrheit finden wollten, erinnert uns daran, dass die Suche eines Menschen nach Gott an allen möglichen Orten beginnen kann. Der Gott des Universums gebraucht in seiner Gnade verschiedene Mittel und ungewöhnliche Voraussetzungen in Kopf und Herz, um Menschen aus allen Teilen der Welt zu *einem* Ziel zu bringen: den einen wahren Gott zu entdecken. Die drei Weisen sind ein bleibendes Zeugnis, dass Jeremias Ankündigung wahr ist: »Ja, ihr werdet mich suchen und finden, wenn ihr von ganzem Herzen nach mir verlangen werdet« (Jer 29,13 SLT).

❖

Wie groß war aber der Unterschied zwischen diesen Weisen und König Herodes mitsamt den jüdischen Religionsexperten! Als Herodes von der Ankunft der Weisen hörte und dass sie sich nach der Geburt eines neuen Königs erkundigten, trommelte er die Hohenpriester und Schriftgelehrten zusammen. Diese wussten, dass der Christus »in Bethlehem in Judäa« geboren werden sollte, »denn so steht es geschrieben durch den Propheten« (Mt 2,5 SLT). Herodes beunruhigte das sehr.

Dieser König war der Inbegriff der Feindschaft gegen Jesus. Er steht für jeden, der sagt: »Es stört mich nicht, wenn irgendeine religiöse Persönlichkeit still auf der Rückbank meines Lebens sitzt, aber ich lasse nicht zu, dass jemand anderes als ich das Auto fährt.« Ein religiöser Führer, der sich ruhig verhält oder nur Rat gibt, ist akzeptabel; nicht aber einer, der Anspruch auf das ganze Leben eines Menschen erhebt und seinen bisherigen Ansichten nicht zustimmt. Herodes opferte sein Gewissen, um sicherzustellen, dass es keinen König geben wird, der ihm Konkurrenz macht. Bis heute tun viele dasselbe, auch wenn es in der Praxis selten so mörderische Formen annimmt wie bei Herodes.

Den religiösen Experten wiederum war ihr großes Wissen gleichgültig. Zwar *wussten* sie um Michas Prophetie, dass der Christus in Bethlehem geboren werden soll, aber es war ihnen einfach *egal*. Sie erläuterten Herodes und den Weisen, was die Schrift über den Geburtsort des langersehnten Königs der Juden zu sagen hat. Trotzdem nahmen sie sich nicht die Zeit, einen Ausflug von Jerusalem in das etwa acht Kilometer entfernte Bethlehem zu machen, um ihn zu sehen und anzubeten. Sie waren so mit ihrer Religion beschäftigt, dass sie keine Zeit für ihren König und Retter hatten. Diese religiösen Experten zeigen uns, dass es nicht reicht, lediglich zu wissen, was in Gottes Wort steht. Wir müssen zulassen, dass es uns zu einer Begegnung mit Jesus, dem Herrn, führt.

❖

Was brachte diese Weisen, diese angesehenen Meister ihres Fachs, dazu, vor der Wiege eines Kindes niederzuknien? Wie kann so etwas geschehen? Nur durch Gottes Macht. Diese Männer – nicht Herodes oder die Priester – sind es, von denen uns berichtet wird: Sie »freuten ... sich mit sehr großer Freude« (Mt 2,10 ELB).

Die Weisen waren durch die Schrift zu Jesus geführt worden und machten so die größte Entdeckung ihres Lebens – und die einzig angemessene Reaktion war, Christus anzubeten. Als sie Jesus endlich sahen, fielen sie nieder, beteten ihn an und gaben ihm Geschenke. Wenn uns die Augen für die Majestät des Königs Jesus geöffnet werden, beugen wir uns demütig, staunend und ehrfürchtig vor ihm.

Vermutlich hielt Herodes – in seinem Widerstand gegen Gottes Anspruch auf sein Leben – die Männer aus dem Morgenland für nicht besonders weise, dass sie ihre Zeit, ihre Kraft und ihre Bequemlichkeit opferten, um in der Gegenwart dieses neugeborenen Königs zu sein. Ähnlich hätten die religiösen Experten – fixiert auf ihr eigenes Studium von Gottes Wort, aber unwillig, zu dem zu kommen, auf den jeder Teil dieses Wortes hinweist – diese Morgenländer wohl nur dafür verspottet, dass sie dem Kind das Beste schenkten, was sie hatten. Auch du kennst bestimmt genügend Menschen, die es für dumm halten, wenn jemand sein Leben vollständig und aufopferungsvoll für Christus lebt. Gott aber nennt das weise. Den Einen anzubeten, der geboren wurde, um über dich zu herrschen, bedeutet, im Einklang mit der Wahrheit zu leben und große Freude sowohl für dieses als auch für das kommende Leben zu finden. Es kann ganz bestimmt kein größeres Geschenk geben.

Zum Nachdenken:

- Gott sagt, dass ein weises Leben jenes ist, das vollständig und aufopferungsvoll für Christus gelebt wird. Inwiefern tröstet dich diese Wahrheit und inwiefern fordert sie dich heraus?
- Solltest du etwas an deinen Prioritäten oder Plänen ändern?

Ich steh an deiner Krippen hier,
o Jesu, du mein Leben;
ich komme, bring
und schenke dir,
was du mir hast gegeben.
Nimm hin,
es ist mein Geist und Sinn,
Herz, Seel und Mut,
nimm alles hin
und laß dir's wohlgefallen.

Da ich noch nicht geboren war,
da bist du mir geboren
und hast mich dir zu eigen gar,
eh ich dich kannt, erkoren.
Eh ich durch deine
Hand gemacht,
da hast du schon bei dir bedacht,
wie du mein wolltest werden.

Ich lag in tiefster Todesnacht,
du warest meine Sonne,
die Sonne, die mir zugebracht
Licht, Leben, Freud und Wonne.
O Sonne, die das werte Licht
des Glaubens in mir zugericht',
wie schön sind deine Strahlen!

Ich sehe dich mit Freuden an
und kann mich nicht satt sehen;
und weil ich nun
nichts weiter kann,
bleib ich anbetend stehen.
O daß mein Sinn
ein Abgrund wär
und meine Seel ein weites Meer,
daß ich dich möchte fassen!

(Paul Gerhardt, 1653)

17

Und das Licht scheint in der Finsternis,
und die Finsternis hat's nicht ergriffen.

Johannes 1,5

Ein Licht in der Finsternis

Im Jahr 1939 las König George VI. in seiner Rundfunk-Weihnachtsansprache an die britische Nation den ersten Teil eines Gedichts von Minnie Louise Haskins vor:

»Und ich sagte zu dem Mann,
der an der Schwelle des Jahres stand:
Gib mir ein Licht,
damit ich sicher ins Unbekannte treten kann.
Und er antwortete: Geh hinaus in die Dunkelheit und
lege Deine Hand in die Hand Gottes.
Das soll für Dich besser sein als Licht und sicherer als
ein bekannter Weg.«[13]

Angesichts des eskalierenden Krieges mit Deutschland waren diese Worte damals zweifellos sehr bedeutsam für den König und seine Untertanen. Sie sprechen aber auch heute noch viele Menschen an – auch wir leben in Zeiten großer Unsicherheit und Angst.

Je mehr uns die Finsternis dieser Welt bewusst wird, desto mehr werden wir die zentrale Botschaft der Weihnachtszeit feiern: Das wahre Licht ist in die Welt gekommen (vgl. Joh 1,9). Dieses Licht ist keine Philosophie. Es ist keine politische Ideologie. Es ist kein Gefühl und kein Konzept. Das Licht ist eine Person: Jesus

Christus. Jesus ist gekommen, um uns den Weg zu erhellen, um uns aus einer Welt des Todes zum Leben mit ihm zu führen.

Jesus ist das Licht, durch das wir weitaus besser sehen können als durch irgendein Möchtegern-Licht, das diese Welt uns anbietet. Oder um die Metapher von Haskins zu verwenden: Er ist die Hand, die Gott uns entgegenstreckt. Wie können wir aber nun in einer Welt voller Finsternis in seinem Licht leben?

❖

Einbrecher rufen dir normalerweise nicht aus dem dunklen Hof zu: »Entschuldigung, könnten Sie vielleicht die Beleuchtung einschalten? Ich möchte gern Ihr Haus ausrauben.« Das sind Einbrecher! Sie tun ihr Werk im Dunkeln. Ihnen kann nichts Schlimmeres passieren, als dass plötzlich das Licht angeht und man sie entdeckt. Die Bibel erklärt, dass wir ohne Christus in ähnlicher Weise in der Finsternis sind. Wir können die Wahrheit nicht sehen. Wir können nicht beurteilen, was gut ist. Wir können Sünde nicht als Sünde erkennen und können uns nicht dagegen wehren, das Falsche zu tun. Tatsächlich ist unsere Gesellschaft so an die Dunkelheit gewöhnt, dass wir oft nicht einmal merken, dass die Lichter aus sind. C. S. Lewis schrieb: Die wirklich bösen Dinge werden oft »in sauberen, warmen, wohlbeleuchteten und mit Teppichboden ausgestatteten Büros geplant und angeordnet, von unauffälligen Männern im weißen Hemd, mit geschnittenen Fingernägeln und glattrasiertem Gesicht, die es nicht nötig haben, ihre Stimme zu erheben«.[14] Wenn uns die Augen für die Finsternis geöffnet werden, dann begreifen wir, dass sie nicht nur in den offensichtlich schlechten Ereignissen gegenwärtig ist. Sie wohnt in unserem eigenen Herzen. Wir erkennen sie in unserer natürlichen Veranlagung, die sagt: »Ich bin mein eigener Herr.« Sie ist tief in uns allen verwurzelt – selbst in den »anständigsten« Menschen.

Als in der ersten Christnacht das Licht in eine dunkle Welt kam und aufleuchtete, zeigte sich, wie finster es hier wirklich war. Herodes verabscheute den Gedanken, dass es über ihm einen König geben könnte. Er wollte selbst auf dem Thron sitzen, und er ermordete Kinder, um Jesus loszuwerden. Im weiteren Verlauf der Evangelien lehnten die Pharisäer den Messias ab, weil sie es vorzogen, auf ihre eigene Weise nach dem Heil zu streben, und sie ermordeten Jesus. Ebenso wollen zweitausend Jahre später auch wir das letzte Wort über unser Leben haben, der Held in unserer eigenen Geschichte sein. Deshalb ziehen wir es von Natur aus vor, in der Finsternis zu leben, trotz all der Ungewissheit und des Chaos, das das mit sich bringt. Wir schlagen die Hand aus, die uns aus der Finsternis ins Licht führen will.

Die Finsternis kann das Licht aber nicht auslöschen (vgl. Joh 1,5 NGÜ).

❖

Wo der Geist Gottes wirkt, da kommt er in unser Leben und sagt: »Es ist dunkel hier.« Von Natur aus merken wir gar nicht, dass es dunkel ist. Wir halten das im Großen und Ganzen für in Ordnung so, denn wir kennen nichts anderes. Sobald wir aber erkannt haben, dass es dunkel ist, können wir uns nach einem Licht ausstrecken. Und Licht ist genau das, was Jesus gebracht hat und was der Geist bringt (vgl. 2 Kor 3,17–18; 4,4).

Die Weihnachtsbotschaft ist grundsätzlich eine Hoffnungsbotschaft. Wenn sie uns aber Hoffnung bringen soll, dann muss sie mehr sein als nur eine Sache des Gefühls. Hoffnung muss sich auf Wahrheit stützen. Wenn wir hoffnungsvoll auf das neue Jahr blicken wollen, dann werden uns unsere eigenen guten Vorsätze für unser Leben wenig helfen. Nichts wird wahr werden, nur weil wir fest genug daran glauben, und nichts wird deswegen richtig, weil wir es gern so hätten. Wenn wir Hoffnung haben wollen, müssen wir auf die Stimme hören, die zu unserem Herzen spricht: »Es ist dunkel hier drin«, und die uns auf »das wahre Licht« hinweist, das in die Welt gekommen ist (Joh 1,9).

Halte für einen Moment inne. Sagt der Geist Gottes über einen Bereich deines Lebens: »Es ist dunkel hier. Du musst im Licht wandeln, lass dich von Jesus führen«? Vielleicht machst du dir auch Sorgen und hast Angst, was das neue Jahr wohl bringen mag, und Gottes Geist sagt zu dir: »Lege deine Hand in Jesu Hand und vertraue ihm, dass er dich hindurchführt.« Jesus kam in die Welt, um uns zu verändern. Er führt uns aus der Finsternis der selbstsüchtigen Lüge in das Licht von Gottes wahrem Ziel: durch viele Gefahren, Mühen und Hindernisse hindurch in das herrliche Licht der ewigen Gegenwart Gottes. Wenn du »deine Hand in die Hand Gottes« legst, wird er sich als besser erweisen als das Beste, was diese Welt zu bieten hat. Sei gewiss, dass das Licht, das in der Christnacht geboren ist, immer noch in der Finsternis scheint, und dass die Finsternis es niemals auslöschen wird.

Zum Nachdenken:

❖ Wenn du über den vorherigen Abschnitt nachdenkst: Was will dir der Geist Gottes wohl gerade jetzt sagen?

❖

Unser Heiland ist nun da!
Hört das Lied der Engelschar.
Er, den nie ein Auge sah,
kam vom Himmel wunderbar.
Singt dem Kindlein in dem Stall,
preist Gott Vater allzumal!
Erd und Himmel, seid erfreut!
Christus ist geboren heut,
Erd und Himmel, seid erfreut!
Christus ist geboren heut!

Von des Vaters Himmelsthron
kam der eingeborne Sohn
als ein Knecht in Niedrigkeit,
da erfüllet war die Zeit,
angetan mit Fleisch und Blut,
arm und elend uns zugut,
klein, verachtet und gering.
Er, der Schöpfer aller Ding,
klein, verachtet und gering,
er, der Schöpfer aller Ding.

Sonne, die du scheinen wirst,
Jesus, großer Friedefürst,
Licht und Leben teilst du aus,
bringst uns heim ins Vaterhaus.
König der Barmherzigkeit,
hilf uns aus in Kampf und Streit.
Herrlicher Immanuel,
Lebenssonn und Freudenquell,
herrlicher Immanuel.
Lebenssonn und Freudenquell.

❖

(Originaltitel: »Hark The Herald Angels Sing«
Text: Charles Wesley (1707–1788)
Melodie & Chorsatz: Felix Mendelssohn-Bartholdy
(1809–1847), Dt. Text: Johannes Haas

Weihnachten

in den Briefen

18

Nachdem Gott vorzeiten … auf vielerlei Weise geredet hat …,
hat er zuletzt in diesen Tagen zu uns geredet durch den Sohn,
den er eingesetzt hat zum Erben über alles, durch den er auch
die Welten gemacht hat. Er ist der Abglanz seiner Herrlichkeit
und das Ebenbild seines Wesens und trägt alle Dinge mit seinem
kräftigen Wort und hat vollbracht die Reinigung von den Sünden
und hat sich gesetzt zur Rechten der Majestät in der Höhe.

Hebräer 1,1–3

Ich werde hingehen

In 1. Mose wurde uns gezeigt, dass unser Schöpfer ein Gott ist, der zu seinen Verheißungen steht. Dabei wurde die Erwartung geweckt, dass er jemanden senden wird, um diese gefallene Welt wieder neu zu machen, nämlich einen Retter, in dem alle Völker der Erde gesegnet werden. Die Schriften und die Propheten zeichneten ein verschwommenes Bild, voller Hoffnung und Erwartung und mit vagen Einzelheiten in Bezug auf Gottes großen Heilsplan. Danach erhielten wir durch die Evangelien eine Brille, die uns glasklar erkennen ließ: Jesus ist der, in dem alle unsere Hoffnungen, alle Verheißungen Gottes, alle unsere Sehnsüchte erfüllt werden.

Es gibt aber noch viel mehr über Weihnachten zu entdecken – in den neutestamentlichen Briefen.

So beginnt zum Beispiel der Autor des Hebräerbriefes mit einer Einleitung, die uns an den Anfang des Johannesevangeliums denken lässt. Er erinnert seine Leser daran, dass Gottes Sohn durch sein Wort zu seinem Volk geredet hat, dass durch ihn die gesamte Schöpfung gemacht wurde, dass er alles vom Vater erben wird, dass er das vollkommene Abbild von Gottes Herrlichkeit ist und dass er alle Dinge durch sein kräftiges Wort trägt. Als Prophet spricht Jesus nicht nur Gottes Worte, er *ist* Gottes Wort. Als Priester bringt er nicht nur ein Opfer für Sünden dar, sondern er selbst ist das Opfer. Als König herrscht er nicht nur für eine gewisse Zeit über sein Volk, sondern er herrscht überall und für immer. Und er ist derjenige, der in der ersten Christnacht in der Krippe lag.

❖

Wie wir in der vergangenen Woche gesehen haben, stellen uns Matthäus und Lukas in ihren Evangelien eine Reihe von weihnachtlichen Gestalten vor, die für uns längst gute Bekannte sind: Maria, die Hirten, die Weisen und so weiter. Manchmal fällt unser Blick auch auf etwas unbekanntere Personen wie Zacharias, Elisabeth, Hanna oder Simeon. Über die Jahre haben wir in weihnachtlichen Predigten und Bibelarbeiten die Geschichte wahrscheinlich schon aus der Perspektive so ziemlich jedes Beteiligten gehört. Es gibt aber eine bemerkenswerte Ausnahme: Erstaunlich wenige von uns haben über Weihnachten schon aus dem Blickwinkel Jesu nachgedacht. Der Hebräerbrief bietet uns einen Einblick in genau diese Perspektive.

Der Autor schreibt in Hebräer 10,5–6:

»Darum spricht er (Christus), wenn er in die Welt kommt: ›Opfer und Gaben hast du nicht gewollt; einen Leib aber hast du mir bereitet. Brandopfer und Sündopfer gefallen dir nicht.‹«

Wie der Schuh von Aschenputtel nur ihr allein passt, passen diese Worte, die Jesus aus Psalm 40 zitiert, nur auf ihn allein.

❖

Während der Zeit des Alten Testaments liefen jahrhundertelang Gottes Vorbereitungen für das erste Weihnachten, denn all die alttestamentlichen Opfer waren letztlich nur Schatten einer anderen Realität. Auf diese deuteten sie hin. Die Opfer beinhalteten den Tod von Tieren, wobei diese Tiere zum Altar geführt werden mussten. Sie hatten keine Wahl. Sie wurden gezwungen, auf diese Weise dienstbar zu sein. Jesus dagegen wusste bereits, ehe er Mensch wurde, dass seine Aufgabe – sein Opfer – anders sein würde. Er gab sein Einverständnis aus freien Stücken. In bescheidenster Form und in einer unerwarteten Umgebung nahm Gott, der Sohn, einen Leib an, der für ihn bereitet war – bereitet »als Lösegeld für viele« (Mt 20,28).

Der Sohn sah diese kaputte Welt mit ihren sündigen Menschen und sagte zu seinem Vater: »Ja, ich werde hingehen, um bei ihnen zu sein. Ich werde einer von ihnen werden und für sie sterben.« Er sah dich und mich an, und sagte: »Ja, ich werde für sie die Reinigung von den Sünden vollbringen.« Daraufhin blickte sein Vater ihn an und sagte etwas, dessen kein Tier, das man zum Altar brachte, jemals würdig gewesen war: »Dies ist mein lieber Sohn, an dem ich Wohlgefallen habe« (Mt 17,5). Die Tat, die die Liebe des Vaters zum Sohn am stärksten befeuerte, war die freiwillige Hingabe seiner selbst als Opfer für unsere Sünden (vgl. Joh 10,17).

Jesus kam nicht nur in diese Welt, damit es eine Jungfrauengeburt in Bethlehem geben konnte, sondern damit wir eine Jungfrauengeburt des Glaubens in unserer Seele erleben können. Er wollte nicht nur, dass damals eine Christnacht stattfand, sondern dass die Ereignisse dieser Christnacht in gewissem Sinne auch heute geschehen. Durch seine Geburt, seinen Tod, seine Auferstehung und Himmelfahrt vollbrachte er alles, was nötig ist, damit sündige Menschen eine wundersame neue Geburt erfahren und in die Gemeinschaft mit Gott eintreten können. Und danach hat er »sich gesetzt zur Rechten der Majestät in der Höhe«.

Das ist etwas ganz anderes als die Versprechungen einer bloßen Religiosität, bei der man mittels Regeln und Leistung vergeblich versucht, in den Himmel hochzuklettern. Im Gegensatz dazu ist die Botschaft der Krippe von befreiender Barmherzigkeit. Gott hat in wunderbarer Weise die Initiative ergriffen und ist herabgestiegen, um uns durch Jesus zu retten. Wir müssen keine lange Reise unternehmen, um Gott zu finden. Christus, der neugeborene König, kannte seine Aufgabe. Wie sollen wir darauf reagieren? Neige dich demütig vor ihm, preise ihn von ganzem Herzen und warte zuversichtlich jeden Tag auf ihn. Du darfst wissen: Weil er sagte: »Ich werde hingehen, um bei ihnen zu sein«, kannst du sagen: »Ich werde hingehen, um bei ihm zu sein.«

Zum Nachdenken:

- Wie haben dich diese Wahrheiten heute ermutigt?
- Wie könnte es bei dir aussehen, zuversichtlich auf Jesus zu warten?

Gott wurde arm für uns,
Gott wurde arm für uns,
damit wir durch seine
Armut reich werden,
wurde Gott arm für uns.

Reichtum, Ehre, Karriere,
Einfluss, Macht und Geld,
all das suchen wir
und sind doch einsam
in der Welt.
Wir sind nie zufrieden,
nein, wir wollen immer mehr,
und doch bleiben
unsre Herzen leer.

Gott ließ uns nicht laufen.
Kommt und hört den Freudenton:
Als die Zeit erfüllt war,
sandte Gott uns seinen Sohn.
Er verließ den Himmel,
wurde Mensch, genau wie wir.
Seine Armut öffnet
uns die Tür.

Von der Krippe bis zum Tod
am Kreuz auf Golgatha
trug Gott unsre Sünde.
Unsre Rettung ist nun da.
Er schenkt uns das Leben,
er gibt uns Geborgenheit.
Seine Gnade trägt uns
durch die Zeit.

(Text: Peter Strauch nach 2. Kor 8,9, Melodie: Peter Strauch,

19

Als aber die Zeit erfüllt war, sandte Gott seinen Sohn, geboren von einer Frau und unter das Gesetz getan, auf dass er die, die unter dem Gesetz waren, loskaufte, damit wir die Kindschaft empfingen. Weil ihr nun Kinder seid, hat Gott den Geist seines Sohnes gesandt in unsre Herzen, der da ruft: Abba, lieber Vater! So bist du nun nicht mehr Knecht, sondern Kind; wenn aber Kind, dann auch Erbe durch Gott.

Galater 4,4–7

Das Geschenk der Kindschaft

An Weihnachten dreht sich buchstäblich alles um Familie. Es geht dabei aber nicht in erster Linie um unsere menschlichen Familien – so gern man sich vielleicht an vergangene fröhliche Familientreffen um den weihnachtlich gedeckten Tisch erinnert oder so sehr man sich schon auf das diesjährige Wiedersehen mit den Verwandten freuen mag. Nein, an Weihnachten geht es um Gottes Familie. Als Gott seinen Sohn sandte, tat er das mit dem Ziel, dass »wir die Kindschaft empfingen«.

❖

Wie wir gesehen haben, hebt sich Jesus von allen wichtigen Persönlichkeiten aus Religion, Geschichte und Politik ab. Er allein besitzt die Qualifikationen, die der Retter der Welt haben musste. Jesu Kommen wird von dem Apostel Paulus nicht als eine spontane Intervention dargestellt; es war göttliche Bestimmung. Wenn Paulus feststellt, dass Gott seinen Sohn »sandte«, dann soll uns das erinnern: Jesus existierte bereits vorher, er wurde aus diesem Seinszustand heraus gesandt. Jesu Leben begann nicht erst als Baby in Bethlehem, »geboren von einer Frau«. Er ist und war und wird immer sein. Die Zeit kann ihn nicht binden. Er hörte nicht auf, das zu sein, was er schon war – nämlich Gott –, und wurde zusätzlich das, was er noch nicht war – nämlich Mensch.

Er war »unter das Gesetz getan«, war dem Vater also vollständigen und vollkommenen Gehorsam schuldig. Als Einziger von den unzähligen Menschen aller Zeiten lebte er diesen Gehorsam tatsächlich. Und er starb an unserer Stelle, um uns zu retten. Wenn Gott derjenige sein sollte, der rettet, dann musste der Retter Gott sein. Wenn ein Mensch die Strafe tragen musste, weil die Menschen gesündigt hatten, dann musste der Retter ein Mensch sein. Wenn der Mensch, der die Strafe für die Sünde trägt, auch noch selbst sündlos sein musste – wer sonst als Jesus Christus erfüllt all diese Voraussetzungen?

»Er kaufte meine Seele los
von Sünde, Welt und Pein,
daß sie in seinem teuren Blut
gewaschen sei und rein.
Kein Anderer war stark genug –
Ihm alle Ehr' gebührt –,
das Thor zu öffnen, das auch mich
zum Vaterherzen führt.«[15]

❖

Gott hat seinen Sohn aber nicht nur gesandt, um uns zu retten, so herrlich das bereits ist. Er sandte ihn, um uns zu retten, damit er uns als seine Kinder adoptieren kann. Das ist noch viel herrlicher:

»Adoption ist ... das höchste Vorrecht ..., das das Evangelium bietet. ... Von Gott, dem Richter, für gerecht erklärt zu werden, ist eine großartige Sache, aber von Gott, dem Vater, geliebt und umsorgt zu werden, ist etwas viel Großartigeres.«[16]

In der römischen Gesellschaft kam es vor, dass ein reicher oder mächtiger Mann einen Jungen adoptierte, der sein Erbe werden sollte. Die Bestimmung dieses Adoptivsohns war es, den gesamten Besitz seines Adoptivvaters zu erben. Auch heute noch ändert sich in dem Moment, in dem ein Kind adoptiert wird, sein gesamtes Leben: Es bekommt einen neuen Namen, eine neue Familie, ein neues Zuhause und nimmt oft auch einen völlig neuen Lebensstil an.

Selbst wenn eine solche Adoption rechtlich vollzogen ist, kann es aber sein, dass das Kind trotz seines gesetzlichen Status noch nicht das Gefühl hat, zur Familie zu gehören. Es dauert oft einige Zeit, bis das subjektive Empfinden der objektiven Realität hinterherkommt. Dass ein Kind in ein Zuhause einzieht und nun dort lebt, ist eine Sache. Es ist aber etwas anderes und Tiefgreifenderes, wenn es täglich erlebt, wie die Familie mehr zusammenwächst – und wenn es das auch zum Ausdruck bringt, indem es seine neuen Eltern »Mama« und »Papa« nennt.

Das Gleiche gilt für unsere geistliche Adoption, wenn wir zum Glauben an Jesus Christus kommen. Unsere Adoption ändert zwar unseren Status, aber nicht sofort und vollständig unseren Charakter. Glücklicherweise gibt sich Gott nicht mit einer bloßen Namensänderung zufrieden. Wir sollen wissen, was es bedeutet, seine Söhne und Töchter zu sein. Er wünscht sich, dass wir staunend erleben, was es heißt, in ihm nun unseren himmlischen Vater zu erkennen. Deshalb hat er »den Geist seines Sohnes gesandt«. Dieser wohnt in unseren Herzen und befähigt uns, unsere Beziehung zu Gott als die eines Kindes zu seinem Vater zu sehen.

Der Christ durchläuft nicht einfach nur einen rechtlichen Vorgang. Erlösung ist nicht nur die Vergebung der Sünden. Zu ihr gehört auch, eine geistgewirkte Veränderung zu erfahren. Was Jesus äußerlich am Kreuz vollbracht hat, setzt der Geist innerlich in unserem Herzen fort. Wir sind gerettet, angenommen, adoptiert und geliebt. Wird diese Veränderung nicht Hingabe, Leidenschaft, Tränen, Erleuchtung, Verbundenheit und letztlich Lobpreis zur Folge haben?

❖

Wir alle neigen dazu, unseren neuen Status als Kinder Gottes zu vergessen. Wenn das geschieht, steht der Geist bereit, um uns zu bezeugen: »Nein, du gehörst wirklich ihm. Du wurdest um den höchsten Preis erkauft. Du bist geliebt und wertgeschätzt.« Wenn wir uns nicht so verhalten haben, wie Gott es von uns möchte, wenn wir uns elend, kaputt und entmutigt fühlen, dann hilft uns der Geist, zu rufen: »Vater, Vater, bitte hilf mir!« Ein solcher Hilferuf sollte uns an das erstaunliche Werk, das Jesus vollbracht hat, erinnern. »Als aber die Zeit erfüllt war«, nahm er Fleisch und Blut an, um uns durch sein Opfer zu retten und seinen Geist in unsere Herzen auszugießen. Ohne Jesus könnte unser Herz niemals rufen: »Abba, lieber Vater!« Durch ihn kann unser Herz es jederzeit tun.

Gott besiegelt unsere Adoption als seine Kinder nicht durch ein spezielles Zeichen oder eine besondere Gabe, sondern durch das klare Zeugnis seines Geistes. Während wir im Gebet mit Gott sprechen, während wir in seinem Wort auf ihn hören, während wir mit ihm durch unser Leben gehen, wächst in uns das Bewusstsein seiner Macht und seines Wirkens in uns. Wir sind vom Fluch der Sünde befreit und durch die Adoption gesegnet. Deshalb können wir nun zu Gott rufen, ihn verehren und ihn im Geist und in der Wahrheit anbeten.

Mit diesem Ziel wurde Jesus zur exakt richtigen Zeit geboren: Gott sandte seinen Sohn in diese Welt, um hier zu leben, zu sterben und aufzuerstehen, damit du sein Kind werden kannst. Du darfst dich an der gleichen Vertrautheit, der gleichen sicheren Beziehung erfreuen, wie sie Jesus zu seinem Vater hat. Was auch immer du heute tun magst und wie auch immer es dir heute geht, du darfst wissen: Wenn du zu Christus gehörst, bist du adoptiert; und wenn du adoptiert bist, dann wirst du mit einer so tiefen göttlichen Liebe geliebt, dass die Ewigkeit nicht reichen wird, um sie auszuloten.

Zum Nachdenken:

- War dir schon bewusst, dass die Adoption durch Gott das größte Wunder des Evangeliums ist?
- Wenn du weißt, dass Gott dein liebender Vater ist, dem diese Welt gehört – welchen Unterschied macht das für die Art und Weise, wie du heute deinen Tag angehst?

Jauchzet, ihr Himmel, frohlocket, ihr Engel in Chören,
singet dem Herren, dem Heiland der Menschen,
zu Ehren!
Sehet doch da: Gott will so freundlich und nah
zu den Verlornen sich kehren.

Sehet dies Wunder, wie tief sich der Höchste
hier beuget;
sehet die Liebe, die endlich als Liebe sich zeiget!
Gott wird ein Kind, träget und hebet die Sünd;
alles anbetet und schweiget.

Gott ist im Fleische: wer kann dies
Geheimnis verstehen?
Hier ist die Pforte des Lebens nun offen zu sehen.
Gehet hinein, eins mit dem Kinde zu sein,
die ihr zum Vater wollt gehen.

Hast du denn, Höchster, auch meiner noch
wollen gedenken?
Du willst dich selber, dein Herze der Liebe,
mir schenken.
Sollt nicht mein Sinn innigst sich freuen darin
und sich in Demut versenken?

König der Ehren, aus Liebe geworden zum Kinde,
dem ich auch wieder mein Herze in Liebe verbinde:
du sollst es sein, den ich erwähle allein;
ewig entsag ich der Sünde.

❖

(Gerhard Tersteegen, 1731)

20

Seid so unter euch gesinnt, wie es der Gemeinschaft in Christus Jesus entspricht: Er, der in göttlicher Gestalt war, hielt es nicht für einen Raub, Gott gleich zu sein, sondern entäußerte sich selbst und nahm Knechtsgestalt an, ward den Menschen gleich und der Erscheinung nach als Mensch erkannt.

Philipper 2,5–7

Er entäußerte sich selbst

Jesus ist ewig, wahrhaft und vollkommen Gott: »der Abglanz seiner Herrlichkeit und das Ebenbild seines Wesens« (Hebr 1,3) – er war schon während der gesamten zurückliegenden Ewigkeit vollständig und vollkommen »in göttlicher Gestalt«.

Diese Wahrheit macht das, was Paulus hier in Philipper 2 schreibt, nur noch überwältigender.

❖

Jesus – der göttliche Sohn Gottes vor seiner Menschwerdung – »hielt es nicht für einen Raub, Gott gleich zu sein, sondern entäußerte sich selbst«. Mit anderen Worten: Statt an seiner ununterbrochenen Herrlichkeit festzuhalten, fasste er den Entschluss, sie beiseitezulegen. Obwohl er in keiner Weise dazu verpflichtet war, kam er in unsere gefallene, hilflose Welt – um unseretwillen. Er machte sich selbst zu einem Nichts und wurde zum Diener seiner eigenen Schöpfung. Das Zeichen des Christuskindes an jener ersten Weihnacht war kein Triumphwagen, sondern eine Krippe; es war kein Zepter, sondern ein Stall. Er wurde ebenso sehr zum irdischen Diener, wie er himmlischer Herrscher war (und ist). Äußerlich gesehen war er nichts weiter als einfach nur ein Mensch.

Jesus »entäußerte sich selbst«. Was bedeutet das – und was bedeutet es nicht? Es kann nicht meinen, dass Jesus aufhörte, Gott zu sein, oder dass er einige seiner göttlichen Eigenschaften aufgab. Matthäus teilt uns in seinem Evangelium mit, dass Jesu Geburt geschah, »auf dass erfüllt würde, was der Herr durch den Propheten gesagt hat, der da spricht: ›Siehe, eine Jungfrau wird schwanger sein und einen Sohn gebären, und sie werden ihm den Namen Immanuel geben‹, das heißt übersetzt: Gott mit uns« (Mt 1,22–23). Obwohl er sich selbst »entäußerte«, war Jesus immer noch zu hundert Prozent »Gott mit uns«! Er war nicht nur jemand, der *den Eindruck erweckte*, er sei Gott mit uns. Er war *wirklich* Gott mit uns.

Was meint Paulus also? Der Satz endet nicht mit »entäußerte sich selbst«, sondern was nun folgt, formuliert einen anderen Aspekt derselben Handlung: Jesus »entäußerte sich selbst ..., indem er Knechtsgestalt annahm« (MENG). Das Entäußern ist verknüpft mit dem Annehmen der Knechtsgestalt. Alec Motyer (der ein großartiger Theologe und ein guter Freund von mir war) meinte einmal, dass wir besser fragen sollten: »Wohin – in welchen Zustand – entäußerte er sich?«, statt: »Wovon entäußerte er sich?« Wenn wir die Frage auf diese Weise stellen, dann erkennen wir, dass der Herr durch das erniedrigt wurde, was er *annahm*, nicht durch das, was er *ablegte*. In seiner *Menschwerdung* wurde er ein Nichts.

Natürlich kann sich niemand von uns in Gott hineinversetzen, und es gibt auch keine Veranschaulichung und keinen Vergleich, anhand derer wir wirklich verstehen könnten, was er da tat. Stell dir aber einfach mal vor, du wärst an Gottes Stelle und würdest durch einen normalen Geburtskanal zur Welt kommen, unter den Umständen, unter denen Jesus geboren wurde, würdest dann das Leben eines Außenseiters führen, als Fremder sterben, die Misshandlungen und den endgültigen Fluch des Gesetzes ertragen ... hört sich das nicht sehr danach an, zu »nichts« zu werden?

Jesus aß und trank, er arbeitete, er schlief, er ruhte sich aus – genau wie jeder andere auch. Obwohl er »den Menschen gleich« war,

war er aber nicht *nur* das, was er zu sein schien. Er hatte etwas an sich, das darüber hinausging. In der gesamten Zeit zwischen seiner Geburt und seinem Tod bewies er, dass er Mensch war. Er bewies in diesen Tagen aber auch, dass er Gott war. Denk daran, wie er durch sein Wort den Wind und die Wellen bändigen konnte. Denk daran, wie er Tote auferweckte.

Im Zentrum des Christfests steht die Wahrheit, dass Jesus sowohl vollkommen Gott als auch vollkommen Mensch ist. Deshalb müssen wir uns vor zwei ähnlichen und doch entgegengesetzten Gefahren hüten. Wir können in der Gefahr stehen, Christus so stark zu vergöttlichen, dass kein menschlicher Christus mehr übrigbleibt. Wir können uns aber auch so sehr auf sein Menschsein fokussieren, dass wir seine Göttlichkeit aus den Augen verlieren. Die Bibel hält dagegen beide Aspekte in vollkommener Spannung. Wenn wir das ebenso tun, werden wir immer mehr über diesen Gott staunen, der zu »nichts« wurde, als er ein Geschöpf wurde – als er menschliches Fleisch und Blut annahm.

❖

Im 5. Jahrhundert fragte jemand den bedeutenden Theologen Augustinus von Hippo: »Was sind die zentralen Prinzipien des christlichen Lebens?« Er antwortete (sinngemäß): »Erstens Demut, zweitens Demut und drittens Demut«.[17] Philipper 2 ist im Kern ein Aufruf zur Demut. Paulus malt uns Christi Menschwerdung als unübertreffliche Demut vor Augen, und sagt dann gewissermaßen: »Eure Gesinnung sollte die Gesinnung von Weihnachten sein.« Für Jesus stand bei seiner Menschwerdung nicht die Frage im Vordergrund: »Was habe ich davon?«, sondern: »Was benötigen sie? Was kann ich für sie tun?« Seine Menschwerdung geschah in der Haltung: »Weil sie mir so wichtig sind, werde ich so leben, als wäre ich nicht wichtig. Ich werde mein Leben für sie geben.«

Er, der jemand war, wurde ein Niemand, damit wir Niemande in Christus jemand werden können. Jesus darf für uns nie etwas Geringeres sein als unser Erlöser, aber er ist auch unser Vorbild. Was die Gemeinde benötigt – und was diese Welt benötigt –, sind Menschen, die nicht darauf aus sind, jemand zu sein. Wir müssen bejahen, dass wir Niemande sind, die ihr Ich gekreuzigt und ihre neue Identität allein in Christus gefunden haben. Hier ist unser Gott – der Gott, der für uns zum Diener wurde. Wir sind aufgerufen, über diese Wahrheit zu staunen und dann das Gleiche zu tun.

Zum Nachdenken:

- Neigst du eher dazu, Jesu Göttlichkeit aus den Augen zu verlieren oder sein Menschsein? Welchen Unterschied könnte eine umfassendere Sicht für deine Beziehung zu ihm machen?
- Wie verändert die heutige Andacht deine Einstellung zum Dienst an anderen?

❖

Lobt Gott,
ihr Christen alle gleich,
in seinem höchsten Thron,
der heut schließt auf sein
Himmelreich
und schenkt uns seinen Sohn,
und schenkt uns seinen Sohn.

Er kommt aus seines Vaters Schoß
und wird ein Kindlein klein,
er liegt dort elend, nackt und bloß
in einem Krippelein,
in einem Krippelein.

Er äußert sich all seiner G'walt,
wird niedrig und gering
und nimmt an
eines Knechts Gestalt,
der Schöpfer aller Ding,
der Schöpfer aller Ding.

Er wechselt mit uns wunderlich:
Fleisch und Blut nimmt er an
und gibt uns in seins Vaters Reich
die klare Gottheit dran,
die klare Gottheit dran.

Er wird ein Knecht
und ich ein Herr;
das mag ein Wechsel sein!
Wie könnt es doch sein
freundlicher,
das herze Jesulein,
das herze Jesulein!

Heut schließt er wieder
auf die Tür
zum schönen Paradeis;
der Cherub steht
nicht mehr dafür.
Gott sei Lob, Ehr und Preis,
Gott sei Lob, Ehr und Preis!

❖

(Nikolaus Herman, 1554/1560)

21

Die Gnade Gottes ist erschienen,
die heilbringend ist für alle Menschen.

Titus 2,11 SLT

Weihnachten in elf Wörtern

Die Geschichte von Weihnachten – die Geschichte von Jesus – ist die schönste Geschichte, die diese Welt je hören durfte. Sie ist so erstaunlich und so schön. Es verwundert deshalb nicht, dass in den nächsten Tagen wieder rund ein Drittel der Weltbevölkerung zumindest ein Lippenbekenntnis zu ihr ablegen wird. Trotzdem gibt es viele Menschen auf der Welt, die bisher weder den Namen »Jesus« noch die Evangeliumsbotschaft gehört haben. Viele Menschen glauben auch nicht, dass der Jesus der Weihnachtsgeschichte wirklich der historische Jesus ist. Und viele weitere denken entweder, Jesus sei nur ein Weg unter vielen, oder sie meinen, es gäbe einen besseren Weg.

Wenn wir gut vorbereitet sein wollen, um anderen von Jesus zu erzählen, dann müssen wir wissen, worum es in der Weihnachtsgeschichte wirklich geht. In der Weihnachtszeit haben wir manchmal ein Zeitfenster von zehn Minuten, um einem Nachbarn oder einem Verwandten das Evangelium zu erklären. Ein anderes Mal haben wir vielleicht nur zehn Sekunden. Hier kann Paulus helfen. Er fasst in seinem Brief an Titus das, was die Weihnachtsgeschichte so herrlich macht, in elf Wörtern zusammen: »Die Gnade Gottes ist erschienen, die heilbringend ist für alle Menschen« (Tit 2,11 SLT). Das griechische Wort für »ist erschienen« lautet *epephánē*. Von diesem Begriff kommt unser Fremdwort »Epiphanie« für die Erscheinung von etwas Göttlichem. Paulus sagt also: »Es hat sich eine Epiphanie ereignet. Gott selbst ist in seiner Gnade erschienen, um Heil zu bringen.«

Gottes Gnade – seine unverdiente Freundlichkeit – erschien, als Jesus geboren wurde, und zwar als Erlöser für eine erlösungsbedürftige Welt. Er erschien nicht wegen unserer Glanzleistungen, sondern wegen unserer großen Not. Selbst damals in jener ersten Nacht, als das Baby Jesus in der Krippe schlief, warf das Kreuz bereits seinen Schatten auf die Krippe.

Jesus hatte einen Auftrag zu erfüllen. Er ist der sichere Hafen im aufgewühlten Meer unserer Entfremdung, Leere, Rebellion und Gleichgültigkeit. Die Weihnachtsgeschichte ist so großartig, weil sie die Geschichte des Evangeliums ist – die gute Nachricht, was Gott in seiner überwältigenden und unverdienten Gnade getan hat, um sein Volk zu retten. Sie ist eine wunderschöne, fesselnde und lebensverändernde Geschichte. Aber warum glaubt dann nicht jeder daran?

❖

Meiner Erfahrung nach sind es vor allem vier Überzeugungen, die Menschen daran hindern, die Gnade Gottes anzunehmen, welche im Kommen seines Sohnes erschienen ist.

Erstens sind wir nicht ehrlich zu uns selbst und zu anderen. Wir neigen dazu, tiefgründigen Fragen oder Zweifeln auszuweichen. Wir können so sehr auf unseren Selbstwert fixiert sein, dass wir nicht gedemütigt, sondern beklatscht werden wollen. Diesen Wert zu hinterfragen, gehört mittlerweile zu den größten sozialen No-Gos unserer Zeit. Es kommt nicht gut an, wenn man mit der Bibel sagt, dass wir Rebellen gegen Gottes Herrschaft sind, in seinen Augen schuldig, und dass uns die Verdammnis droht. Nur für Menschen, die Rettung brauchen, macht die Erlösung Sinn. Das passt aber nicht zu unserer modernen Ansicht, wir seien grundsätzlich gut und von Haus aus in der Lage, unsere Probleme selbst zu lösen.

Zweitens hat sich unser Verständnis von Toleranz von der biblischen Sicht gelöst. Es ist zweifellos wichtig, tolerant, geduldig und liebevoll zu sein, um im Frieden mit Menschen zu leben, die Dinge anders sehen als wir. Man kann nie wissen, wann Gott vielleicht unsere Freundlichkeit gebraucht, um jemanden zu sich zu ziehen. Diese Art der Toleranz ist aber meilenweit entfernt von der aktuellen Auffassung, alle Meinungen besäßen gleiche Gültigkeit und niemand könne mit Gewissheit behaupten, wenn es um die Wahrheit oder moralische Grundsätze geht.

Drittens glauben viele von uns der Lüge, dass wir es schon schaffen werden. Wir denken, wir könnten mit Gott zusammenarbeiten, als wäre er ein Geschäftspartner – der Erfolg hängt von uns beiden ab. Oder wir meinen, seine Gunst durch gute Werke verdienen zu können – das Gelingen hängt von uns selbst ab. Für Menschen, die auf ihre eigene Leistung statt auf seine Güte vertrauen, ist »Die Gnade Gottes ist erschienen« eine völlig bedeutungslose Aussage.

Viertens denken wir fälschlicherweise, Gott werde uns schon vergeben, denn das sei schließlich seine Aufgabe. Die Weihnachtszeit verstärkt diesen Eindruck durch die generelle Sentimentalität, und die Tatsache, dass das Christkind letzten Endes immer Geschenke bringt, mag ein Kind auch noch so unartig gewesen sein. Wir meinen (vielleicht unbewusst), es sei irgendwie Gottes Pflicht, uns zu lieben und anzunehmen. Vergebung ist nun mal sein Ding. Nun ist es zwar richtig, dass uns die Vergebung großzügig angeboten wird, aber sie muss auch angenommen werden. Gott verlangt nichts weiter, als dass wir anerkennen, wer er ist und wer wir sind und wer demzufolge in unserem Leben das Sagen haben muss – also dass wir umkehren. Solange wir unseren rechtmäßigen Herrscher auf Distanz halten, können wir seine Vergebung nicht bekommen.

❖

Aus diesen Gründen wird das Evangelium von Weihnachten – das doch so wunderbar ist – so häufig abgelehnt. Trotzdem gibt es für all diese Menschen Hoffnung. Wir haben die Freude und das Vorrecht, in unserem Umfeld zu verkündigen:

Es gibt jemanden, der für dich starb. Er tat das unter anderem, um dir zu zeigen, wie viel du ihm wert bist. Ein solches Bewusstsein des Wertes wirst du niemals aus dir selbst heraus produzieren können, sondern es wurzelt in der Demut.

Es gibt jemanden, der gesagt hat, dass er »der Weg und die Wahrheit und das Leben« ist (Joh 14,6). Er hat es bewiesen, indem er die größten Fragen unseres Lebens geklärt hat. Dadurch schenkt er uns Frieden für unsere wichtigsten Entscheidungen.

Es gibt jemanden, der sagte: »Es ist vollbracht« (Joh 19,30), als er das Werk vollendete, das allein er tun konnte. Deshalb musst du dich nicht mehr fragen, ob du genug für Gott geleistet hast, und zwischen Stolz und Angst hin und her schwanken.

Es gibt jemanden, der allen die Vergebung anbietet – wenn wir mit unserem Mund bekennen und in unserem Herzen glauben, dass er der auferstandene Herr über alles ist, auch über unser Leben (vgl. Röm 10,9).

Niemand wird die Weihnachtsfreude verstehen, der nicht auch verstanden hat, warum Weihnachten nötig war. Die Gnade Gottes ist erschienen, die heilbringend ist für alle Menschen. Vielleicht begegnest du heute oder in den nächsten Tagen jemandem, dessen ewige Zukunft dadurch verändert wird, dass du ihm in zehn Sekunden diese weihnachtliche Wahrheit erklärst.

Zum Nachdenken:

- Mit wem möchtest du in dieser Woche über das »Evangelium in elf Wörtern« sprechen? Bitte Gott, dir eine Gelegenheit dafür zu schenken.
- Welcher der vier Gründe, das Evangelium abzulehnen, könnte demjenigen im Weg stehen? Wie kannst du ihm helfen, das zu überdenken?

Vom Himmel hoch da komm ich her,
ich bring euch gute neue Mär;
der guten Mär bring ich so viel,
davon ich singn und sagen will.

Euch ist ein Kindlein heut geborn
von einer Jungfrau auserkorn,
ein Kindelein so zart und fein,
das soll eu'r Freud und Wonne sein.

Es ist der Herr Christ, unser Gott,
der will euch führn aus aller Not,
er will eu'r Heiland selber sein,
von allen Sünden machen rein.

Er bringt euch alle Seligkeit,
die Gott der Vater hat bereit',
daß ihr mit uns im Himmelreich
sollt leben nun und ewiglich.

Des laßt uns alle fröhlich sein
und mit den Hirten gehn hinein,
zu sehn, was Gott uns hat beschert,
mit seinem lieben Sohn verehrt.

(Martin Luther, 1535)

22

Darin besteht die Liebe: nicht dass wir Gott geliebt haben, sondern dass er uns geliebt hat und gesandt seinen Sohn zur Versöhnung für unsre Sünden.

1. Johannes 4,10

Die Krippe und das Kreuz

Warum freuen wir uns alle Jahre wieder so sehr auf Weihnachten? Für den Gläubigen liegt das wohl vor allem an dem Wissen, dass Jesus Christus gekommen ist, um unsere Sünden wegzunehmen. Wenn wir sagen, dass Gott uns in der Menschwerdung seine Liebe gezeigt hat, dann ist das zwar richtig, aber es greift zu kurz. Johannes schreibt nicht nur: »Darin besteht die Liebe: nicht dass wir Gott geliebt haben, sondern dass er uns geliebt hat und gesandt seinen Sohn« – der Satz endet nicht an dieser Stelle. Johannes schreibt weiter und erinnert uns daran, dass Gott seinen Sohn »zur Versöhnung für unsre Sünden« sandte. Jesus wurde nicht nur in diese Welt gesandt, um zu leben, sondern um zu sterben – nicht nur, um in der Krippe zu liegen, sondern um ans Kreuz zu gehen. Unter Rückgriff auf den alten Choral »O Love That Wilt Not Let Me Go« (»O Liebe, die nicht lässet mich«)[18] wollen wir heute drei Dinge aus diesem kurzen, aber theologisch gewichtigen Bibelvers mitnehmen.

❖

Erstens ist Gottes Liebe zu uns eine Liebe, die die Initiative ergreift und uns nicht mehr loslässt. Sie wird uns aus Gnade offenbart, sie ist etwas, das wir entdecken. Tatsächlich hat sie etwas von einem Geheimnis. Wir können sie nicht selbst herbeiführen. Wir werden nicht in diese Welt hinausgeschickt, um irgendwie zu versuchen, mit dem Göttlichen Kontakt aufzunehmen. Etwas viel Wunderbareres ist geschehen. Johannes sagt: *Diese Liebe besteht darin, dass Gott in Christus die Initiative ergriffen hat.* Und nun lädt Gott uns ein, sein Geschenk der Erlösung anzunehmen.

Im Judasbrief sehen wir in einem erstaunlichen Nebeneinander zuerst die Aufforderung: »Bewahrt euch selbst in der Liebe Gottes«, und dann die wundervolle Erinnerung, dass Gott in der Lage ist, »euch ohne Straucheln zu bewahren und euch unsträflich, mit Freuden vor das Angesicht seiner Herrlichkeit zu stellen« (Jud 21.24 SLT). Das erinnert uns daran, dass zu einer liebevollen Beziehung zwei gehören. Wenn Gott dein Freund geworden ist und dich in seine Arme geschlossen hat, dann wird er dich nicht mehr gehen lassen. Aber selbst die liebevollste Umarmung ist unangenehm, wenn ein Teil sich dagegen wehrt und ständig versucht, daraus loszukommen.

Jesus sagte einmal über seine Nachfolger: »Ich gebe ihnen das ewige Leben, und sie werden nimmermehr umkommen, und niemand wird sie aus meiner Hand reißen« (Joh 10,28). Man kann dem hinzufügen: Wir sind nicht stark genug, um selbst aus seiner Hand zu springen, wenn er beschlossen hat, uns bis zum Ende zu bewahren. Seine Liebe ist von solcher Art, dass sie uns nicht gehen lässt. Diese Liebe veranlasste einen alten schottischen Bauern dazu, täglich zu beten: »Lieber Herr, erhalte mich im Gehaltensein.«

❖

Zweitens haben wir in Gott ein »Licht, des Strahl bei Tag und Nacht mir leuchtet«. Licht und Finsternis sind ein häufiges Thema in der Bibel. Paulus wendet dieses Bild anschaulich auf den Christen an: »Denn ihr wart früher Finsternis; nun aber seid ihr Licht in dem Herrn« (Eph 5,8). Er sagt nicht: »Ihr habt früher in der Finsternis *gelebt*«, sondern: »Ihr *wart* früher Finsternis«. Das ist ein krasses Urteil.

Von Natur aus sind wir Finsternis. Wir brauchen Gott, damit er unsere Finsternis erhellt, uns das Ausmaß unserer Verderbtheit zeigt und uns mit seinem lebensspendenden Licht erfüllt. Wenn jedoch dieses Flutlicht aufleuchtet, werden wir zu einem lebendigen Zeugnis für die Prophetie Jesajas, die wir vor ein paar Wochen betrachtet haben: »Das Volk, das im Finstern wandelt, sieht ein großes Licht, und über denen, die da wohnen im finstern Lande, scheint es hell« (Jes 9,1). Am 17. Dezember stellten wir außerdem fest, dass Jesus selbst »das Licht der Menschen« ist, sein Licht »scheint in der Finsternis« (Joh 1,4–5). Jeder, der ihm »nachfolgt, der wird nicht wandeln in der Finsternis, sondern wird das Licht des Lebens haben« (Joh 8,12).

❖

Drittens und letztens schenkt allein Gott bleibende Freude, »die alles Leid durchbricht«. Die Kommerzialisierung von Weihnachten bringt manche Herausforderungen mit sich. Dazu gehört auch, dass sie uns versucht und verlockt, Gefühle wie Schmerz, Enttäuschung, Reue oder Kummer auszublenden. Wir denken, wir könnten all das für eine gewisse Zeit beiseiteschieben, indem wir einfach noch ein bisschen Punsch trinken, festliche Musik hören, uns noch ein paar Leckereien gönnen oder über einen Weihnachtsmarkt schlendern. Man sagt uns, die Weihnachtszeit sei eine Zeit der Freude – ohne jedoch darauf hinzuweisen, wo man diese Freude finden kann. Wir stehen vor dem Problem, dass Wirklichkeitsflucht keine Lösung ist für den Schmerz, mit dem wir alle irgendwann im Leben konfrontiert werden. Nicht ohne Grund war Jesus »ein Mann der Schmerzen und mit Leiden vertraut« (Jes 53,3 SLT) – das ist nun mal der Lauf dieser gefallenen Welt. Das war aber nicht der einzige Grund. Er sollte *unsere* Krankheit und *unsere* Schmerzen tragen, indem er *unsere* Sünde auf sich lud, damit du und ich mit der ewigen Freude vertraut sein können.

❖

Deshalb haben wir uns immer wieder bewusst gemacht, dass Weihnachten und Ostern – die Krippe und das Kreuz – nicht unabhängig voneinander verstanden werden können. Gott brachte seine Liebe zu uns nicht einfach dadurch zum Ausdruck, dass er Jesus als Baby nach Bethlehem schickte, damit er heranwächst und uns zeigt, wie man ein gutes Leben führt. Vielmehr erwies Gott »seine Liebe zu uns darin, dass Christus für uns *gestorben* ist, als wir noch Sünder waren« (Röm 5,8).

Der Stress und die Hektik der Weihnachtszeit bringen oft das Schlechteste in uns zum Vorschein. Wer kann schon behaupten, dass er in diesen Dezembertagen nicht mit Neid, Unehrlichkeit oder Zorn zu kämpfen hatte, dass er keine bitteren, ungeduldigen oder unreinen Worte ausgesprochen hat! Doch Gottes Wort spricht in unser Leben und erinnert uns daran, dass genau das der Grund für Weihnachten war – dass Jesus geboren wurde, um zu sterben. Das ist eine gute Nachricht: Aus Liebe erschien Christus in dieser Welt, um jede einzelne unserer Sünden wegzunehmen. Ergreife diese Botschaft der Liebe, des Lichts und der Freude heute mit neuer Dankbarkeit. Mach diese Worte zum Dreh- und Angelpunkt deiner Weihnachtszeit: »Darin besteht die Liebe: ... dass er uns geliebt hat und gesandt seinen Sohn zur Versöhnung für unsre Sünden«.

Zum Nachdenken:

- ❖ Was kannst du tun, um dir in den verbleibenden Dezembertagen diesen Vers täglich in Erinnerung zu rufen?

❖

O Liebe, die nicht lässet mich,
mein Herz sucht Ruh in dir allein;
dein ist's, drum will es, Herr, nur Dich,
dass es in Deiner Liebe sich
mag völliger erfreun.

O Licht, des Strahl bei Tag und Nacht
mir leuchtet, dir ergeb ich ganz
den eignen Schein, dass deine Macht
mich füll mit deines Lichtes Pracht,
mit reinem Himmelsglanz.

O Freud, die alles Leid durchbricht,
mein Herz soll dir geöffnet sein;
du zeigst auch durch der Wolken Schicht
den Hoffnungsbogen, der verspricht
den Morgen hell und rein.

O Kreuz, das mächtig mich erhebt,
ich möchte nicht mich dir entziehn.
Was in der Welt ich hab erstrebt,
dein sei's, lass es, von dir belebt,
zum ewgen Leben blühn.

❖

*(George Matheson, »O Love That Wilt Not Let Me Go«,
1882; Übersetzung: A. Flammann)*

Warten auf

einen neuen Advent

23

Und der siebente Engel blies seine Posaune; und es erhoben sich große Stimmen im Himmel, die sprachen: Nun gehört die Herrschaft über die Welt unserm Herrn und seinem Christus, und er wird regieren von Ewigkeit zu Ewigkeit.

Offenbarung 11,15

Dein Reich komme

In gewissem Sinne ist die gesamte Bibel sowohl Geschichtsunterricht als auch Zukunftsverheißung, und das mit dem Ziel, dass wir Jesus ähnlicher werden, um ihn im Hier und Jetzt zu verherrlichen. Eine bekannte Zusammenfassung der Bibel lautet: Jesus wird im Alten Testament vorhergesagt, in den Evangelien offenbart, in der Apostelgeschichte verkündigt, in den Briefen erklärt und in der Offenbarung erwartet. Dem Buch, das von dieser großen Erwartung geprägt ist, wollen wir uns heute und morgen zuwenden.

Wir haben in 1. Mose bei Abrahams Geschichte haltgemacht, in 2. Chronik bei Salomos Tempelweihe und später bei den Prophetien eines Jesaja und eines Micha. Immer wieder sahen wir, wie all das auf Jesus hinwies. Im Rückblick auf solche Geschichten und Prophetien erkennen wir: Christus ist nicht nur ein weiterer Priester für sein Volk, sondern der große Hohepriester und zugleich Gottes Opferlamm. Er ist nicht nur ein weiterer Prophet, sondern das Wort Gottes in Person. Er ist auch nicht nur ein weiterer irdischer Herrscher, sondern der ewige König der Könige und Herr der Herren.

In der Zeit zwischen diesen Prophetien und ihrer Erfüllung musste Gottes Volk allerdings warten.

❖

Wir haben heute den Vorteil, dass wir sehen können, wie Jesus das »Ja« auf alle Verheißungen und Vorschattungen des Alten Testaments ist. Dabei übersehen wir leicht, wie viele Generationen in der Zeit zwischen den beiden Testamenten kamen und gingen, in den vier Jahrhunderten des göttlichen »Schweigens«. Seit dem prophetischen Wirken Maleachis hatte Gottes Volk keine neue Botschaft mehr erhalten. Im Laufe der Zeit wurde es von verschiedenen Fremdherrschern unterjocht. Israels Königreich war nur noch eine verblasste Erinnerung und eine Verheißung für die Zukunft. Es gab zwar einen Überrest an treuen Gläubigen, die mit ihren Familien in den Wegen des Herrn gingen. Wenn sie ihren Kindern und Enkeln von den Geschichten und Prophetien erzählten, stellten diese aber sicherlich Fragen wie: »Papa, wann kommt denn der Messias?«, oder: »Oma, denkst du wirklich, dass der Herr unserem Volk einen großen König schicken wird?«, oder: »Aber Onkel, wie kann das gehen, dass das Königreich wiederhergestellt wird?«

Schließlich gelangen wir ins Neue Testament. Schon vor Jesus tritt Johannes der Täufer auf, um zu verkündigen: »Das Reich der Himmel ist nahe herbeigekommen!« (Mt 3,2 SLT). Das Volk, das die Ankündigungen und Prophezeiungen kannte, musste nun versuchen, sich einen Reim darauf zu machen: Wie wird Gott wohl ein Reich für sein Volk aufrichten? Was wird der König dieses Reiches tun? Wie wird er sein? Als dann Jesus begann, über das Königreich zu sprechen, erwarteten die Menschen fast ausnahmslos eine politische Revolution und die nationale Wiederherstellung Israels. Sie dachten in geographischen und politischen Dimensionen. Sie verstanden nicht, dass Jesus letztlich über ein Reich sprach, das »nicht von dieser Welt« ist (Joh 18,36) – über ein Reich, das in erster Linie geistlich und ewig ist, nicht national und territorial. Was tat Gottes Sohn, als er als neugeborener König in diese Welt kam? Er begann, der Welt zu zeigen, dass er ein Reich von Menschen aus allen Stämmen, Völkern und Sprachen errichten wird.

Dieses Reich Jesu wird auf dreierlei Weise errichtet: Es ist gekommen, es ist am Kommen und es wird kommen.

Das Reich *ist bereits* in der Person und dem Werk Jesu *gekommen*. Er verkündete: »Die Zeit ist erfüllt, und das Reich Gottes ist nahe herbeigekommen« (Mk 1,15). Was sollten die Wunder Jesu sonst sein, wenn nicht Wahrzeichen des königlichen Handelns in seiner Schöpfung und durch seine Schöpfung? Für ihn, der die DNA jedes einzelnen Menschen geschaffen hat, ist es nicht schwer, einem Blinden das Augenlicht zu schenken, einen Lahmen gehen zu lassen oder einen Toten zum Leben zu erwecken.

Das Reich *ist am Kommen*. Der Heilige Geist erweckt immerfort menschliche Seelen und versetzt sie aus dem Reich der Finsternis in das Reich des Lichts. Wie geschieht das? Wenn durch die Verkündigung des Evangeliums Menschen zu Jüngern gemacht werden, so wie Jesus es seinen ersten Nachfolgern auftrug, ehe er in den Himmel auffuhr (vgl. Mt 28,18–20).

Schließlich *wird* das Reich zu einem uns unbekannten, von Gott festgelegten Zeitpunkt *kommen*. Dann wird er alles neu machen. Bei seiner ersten Ankunft erschien der König, um das Reich vorzustellen und den Weg ins Reich zu öffnen. Die zweite Ankunft Jesu wird das endgültige Kommen des Reiches in seiner ganzen Herrlichkeit bedeuten. Auf diese Ankunft blickt das Buch der Offenbarung.

❖

Diese letzte der sieben Posaunen in Offenbarung 11 klingt, als würde sich Gott von einem zukünftigen Tag aus an uns wenden, um uns zu erinnern, worauf unsere Hoffnung in diesem Leben und in dieser Welt gerichtet ist: »Das Reich der Welt ist unseres Herrn und seines Christus geworden, und er wird herrschen von Ewigkeit zu Ewigkeit« (ELB). Wenn wir uns umsehen, die Nachrichten verfolgen oder durch die Sozialen Medien scrollen, dürfen wir uns daran erinnern, dass die Dinge nicht immer so bleiben werden. Alles, was falsch ist, wird zurechtgebracht werden. Und selbst das Allerbeste aus diesem Leben wird noch besser werden! Wenn wir bedenken, dass das Reich erst noch kommt, werden wir uns nicht mit dem Besten zufriedengeben, was diese Welt zu bieten hat, wir werden aber auch nicht an dem Schlimmsten verzweifeln, das uns diese Welt entgegenschleudert. Eines Tages wird alles in der glorreichen Herrschaft unseres Herrn Jesus aufgehen. Dort ist unsere wahre Heimat, und wir werden dann ein unübertreffliches Fest feiern.

Beim Nachdenken über die Ankunft Jesu Christi erweisen wir unserem Kopf und Herzen einen schlechten Dienst, wenn wir dabei nur die erste, aber nicht die zweite Ankunft im Blick haben. An Weihnachten feiern wir nicht nur, *wovor* uns unser neugeborener König retten sollte, als er damals auf die Erde kam. Wir feiern auch, *auf welches Ziel hin* er uns gerettet hat – zu einem ewigen Leben mit ihm in seinem vollendeten Reich. Christi Königtum spielt eine zentrale Rolle. Es war damals in der Krippe von Bedeutung. Es ist heute von Bedeutung. Und es wird für immer von Bedeutung sein.

Zum Nachdenken:

- Welchen Unterschied macht es für uns in Erfolg und Versagen, im Umgang mit Freude und Leid in dieser Welt, wenn wir wissen, ...
  - dass das Reich in der Vergangenheit gekommen ist?
  - dass das Reich gegenwärtig am Kommen ist?
  - dass das Reich in der Zukunft kommen wird?
- Über welchen Aspekt dieses Reiches möchtest du heute besonders nachdenken, um dich darüber zu freuen?

❖

Nun singet und seid froh,
jauchzt alle und sagt so:
Unsers Herzens Wonne
liegt in der Krippen bloß
und leucht' doch
wie die Sonne
in seiner Mutter Schoß.
Du bist A und O,
du bist A und O.

Sohn Gottes in der Höh,
nach dir ist mir so weh.
Tröst mir mein Gemüte,
o Kindlein zart und rein,
durch alle deine Güte,
o liebstes Jesulein.
Zieh mich hin zu dir,
zieh mich hin zu dir.

Groß ist des Vaters Huld,
der Sohn tilgt unsre Schuld.
Wir warn all verdorben
durch Sünd und Eitelkeit,
so hat er uns erworben
die ewig Himmelsfreud.
O welch große Gnad,
o welch große Gnad!

Wo ist der Freuden Ort?
Nirgends mehr denn dort,
da die Engel singen
mit den Heilgen all
und die Psalmen klingen
im hohen Himmelssaal.
Eia, wärn wir da,
eia, wärn wir da.

❖

(Nach dem lat.-deutschen Hymnus
»In dulci jubilo«, 14./16. Jh.)

24

Und ich sah einen neuen Himmel und eine neue Erde; denn der erste Himmel und die erste Erde sind vergangen, und das Meer ist nicht mehr. Und ich sah die heilige Stadt, das neue Jerusalem, von Gott aus dem Himmel herabkommen, bereitet wie eine geschmückte Braut für ihren Mann. Und ich hörte eine große Stimme von dem Thron her, die sprach: Siehe da, die Hütte Gottes bei den Menschen! … und Gott wird abwischen alle Tränen von ihren Augen, und der Tod wird nicht mehr sein, noch Leid noch Geschrei noch Schmerz wird mehr sein; denn das Erste ist vergangen.

Offenbarung 21,1–4

Erwartungsvoll

»Sollte Gott wirklich bei den Menschen auf Erden wohnen?« Diese Frage hatte Salomo in 2. Chronik 6 gestellt – wir sahen das am 6. Dezember. Aus der Perspektive des 21. Jahrhunderts können wir inzwischen erkennen, wie Gott bei den Menschen auf Erden wohnte: im Garten, in der Stiftshütte, im Tempel, in der Person Jesu und durch seinen Geist. Er ist wirklich Immanuel – Gott mit uns.

In dieser Adventszeit haben wir versucht, das große Bild zu erkennen, das die Bibel von Weihnachten zeichnet. Wir wollen uns heute (wie auch schon gestern) auf die Fragen konzentrieren: »Wie endet diese Geschichte? Wie wird es aussehen, wenn Gott endgültig und uneingeschränkt bei seinem Volk wohnt?«

❖

Im frühen fünften Jahrhundert schenkte Augustinus der Kirche ein Werk, bei dem es sich im Grunde um die erste Geschichtsphilosophie aus christlicher Perspektive handelt. Er benötigte dreizehn Jahre, um es zu schreiben, und es ist bis heute – 1.500 Jahre später – ein Klassiker. In seinem Buch *Der Gottesstaat* erklärt er die Geschichte anhand eines einheitlichen, übergeordneten Prinzips: Seit dem Sündenfall existieren bis ans Ende der Zeit zwei widerstreitende Staaten, zwei widerstreitende Gesellschaften, zwei widerstreitende Zuneigungen. Von Natur aus gehören wir zum Weltstaat. Allein durch Gottes Gnade kann es geschehen, dass wir ihn verlassen und uns dem Gottesstaat anschließen. Augustinus stellt fest: »Demnach wurden die zwei Staaten durch zweierlei Liebe begründet, der irdische durch Selbstliebe, die sich bis zur Gottesverachtung steigert, der himmlische durch Gottesliebe, die sich bis zur Selbstverachtung erhebt.«[19]

Das ist eine krasse Sicht auf die Welt. Wenn man aber in der Schrift forscht und die Welt beobachtet, ergibt sie Sinn. Im himmlischen Staat ist Gottes Volk zu Hause. Er ist Gottes Bereich und steht unter Gottes Herrschaft und Segen. Der Weltstaat umfasst dagegen die irdische Gesellschaft und wurde errichtet in sturer Unabhängigkeit von Gott. Ersterer ist dazu bestimmt, eines Tages über die Welt zu herrschen. Letzterer ist dazu bestimmt, eines Tages unterzugehen.

Gott wird diese Welt völlig neu machen. Er bereitet das schon seit ewiger Zeit vor – und wenn er es schließlich realisieren wird, darf nichts und niemand seinen Plan durchkreuzen. Deshalb muss Sünde bestraft, der Gerechtigkeit Genüge getan und das Böse vernichtet werden. Dann dürfen wir eine Welt sehen, in der »Gerechtigkeit wohnt« (2 Petr 3,13) und aus der die Ungerechtigkeit für immer verbannt ist.

Wenn wir Offenbarung 21,1–4 lesen, wünschen wir uns dorthin, aber es ist für uns trotzdem schwer zu verstehen, wie es dort sein wird. Es ist ein Ort, an dem es keine Tränen, kein Leid und keinen Tod mehr geben wird – wir werden Schmerz und Verlust nicht einmal mehr zu befürchten haben. Dort wird das wiederhergestellte Paradies sein, ein neuer Garten mit einem Baum des Lebens (vgl. Offb 2,7; 22,2.14.19). Den Baum der Erkenntnis des Guten und Bösen wird es allerdings nicht mehr geben.

Petrus beschreibt in 2. Petrus 3 das zweite Kommen Jesu. Er sagt seinen Lesern zu, dass all das, was in der alten Welt zerstört wurde, in der neuen wiederhergestellt und vervollkommnet werden wird. Das Wort »neu« in Vers 13 bezieht sich nicht auf Zeit oder Ursprung, sondern macht eine qualitative Aussage. Das erwähnte Feuer kann als reinigendes Feuer betrachtet werden. Es schmilzt den bisherigen Gegenstand ein, um Verunreinigungen auszuscheiden und das Bestehende neu zu machen. Anders gesagt: Satan wird nicht die Genugtuung bekommen, dass Gott seine Schöpfung zerstört. Gott wird sie vielmehr läutern. Er wird sie so umgestalten, dass sie all die Herrlichkeit und Pracht widerspiegelt, die er von Anfang an für sie vorgesehen hatte.

Dieser Ansatz hält daran fest, dass die Erde etwas Irdisches ist und bleibt. Wir müssen diese Wahrheiten sozusagen auf die Tatsache stellen, dass es nicht nur einen neuen Himmel, sondern auch eine neue Erde geben wird. Unsere Zukunft als Gottes Volk liegt hier – aber es wird ein vollkommenes »Hier« sein. Schon Jesaja kündigt für Gottes erlöstes Volk an: »Man wird weder Bosheit noch Schaden tun auf meinem ganzen heiligen Berge [d. h. dem neuen Jerusalem]; denn das Land ist voll Erkenntnis des HERRN, wie Wasser das Meer bedeckt« (Jes 11,9).

❖

Es wird eine neue Schöpfung geben. So viel ist klar. Ein neues Jerusalem, »die heilige Stadt«, wird der Wohnort derer sein, die Gott errettet. Wir dürfen dann eine Welt sehen, in der »die Hütte Gottes bei den Menschen« ist. Als Christen wissen wir, dass Gott vor zweitausend Jahren über diese Erde ging. Wir wissen auch um Gottes heutige Gegenwart durch seinen innewohnenden Heiligen Geist – die Gemeinde (die Menschen, nicht das Gebäude) ist heute Gottes Tempel auf Erden. Trotzdem kennen und erfahren wir ihn im Moment nur so begrenzt. Wenn Gott aber den neuen Himmel und die neue Erde herbeiführt, wird es in dieser neuen Schöpfung keinen besonderen Ort der Gegenwart Gottes mehr geben. Es wird kein besonderes Gebäude mehr geben, zu dem man gehen muss, um Gott zu begegnen. Zwischen Gott und uns wird keine Distanz mehr bestehen. Es wird keinen Tempel geben, weil *überall* Tempel sein wird (vgl. Offb 21,22).

Das Neue Testament endet so, wie das Alte Testament endet: mit Vorfreude und zuversichtlicher Erwartung. Das gehört zu den Kennzeichen der christlichen Wirklichkeit und daran können wir die Lebendigkeit unseres Glaubens und die geistliche Lebenskraft unserer Gemeinden überprüfen. Wir sind ein wartendes Volk – wobei wir nicht auf Weihnachten warten, sondern auf Christus.

Wieder einmal geht eine Adventszeit zu Ende. Richte deinen Blick nach vorn, damit du weiter von dem angezogen wirst, was vor dir liegt. Stelle dich ernsthaft der Herausforderung, ein in Gottes Augen reines Leben zu führen – bereit für seine Wiederkunft zu sein. Strecke dich leidenschaftlich danach aus, dass noch viele Menschen unseren Gott kennen und lieben lernen, der in der ersten Christnacht zu uns herabkam und der ganz gewiss in Herrlichkeit wiederkommen wird.

Zum Nachdenken:

- ❖ Auf welchen Aspekt der neuen Schöpfung freust du dich besonders? Inwiefern spornt dich das an, Jesus jetzt zu preisen und heute für ihn zu leben?
- ❖ Was hält dich davon ab, so zu leben, als würde Jesus wiederkommen? Was könnte dir im neuen Jahr helfen, deinen Blick weniger nach unten und mehr nach vorn zu richten?

❖

Nun jauchzet, all ihr Frommen, zu dieser Gnadenzeit,
weil unser Heil ist kommen, der Herr der Herrlichkeit,
zwar ohne stolze Pracht, doch mächtig, zu verheeren
und gänzlich zu zerstören des Teufels Reich
und Macht.

Kein Zepter, keine Krone sucht er auf dieser Welt;
im hohen Himmelsthrone ist ihm sein Reich bestellt.
Er will hier seine Macht und Majestät verhüllen,
bis er des Vaters Willen im Leiden hat vollbracht.

Ihr Armen und Elenden zu dieser bösen Zeit,
die ihr an allen Enden müsst haben Angst und Leid,
seid dennoch wohlgemut, lasst eure Lieder klingen,
dem König Lob zu singen, der ist eur höchstes Gut.

Er wird nun bald erscheinen in seiner Herrlichkeit
und all eur Klag und Weinen verwandeln ganz
in Freud.
Er ist's, der helfen kann; halt' eure Lampen fertig
und seid stets sein gewärtig, er ist schon auf der Bahn.

❖

(Michael Schirmer, 1640)

Nach Weihnachten (ein Heilmittel für die aufkommende Wehmut)

»Meine Seele erhebt den Herrn, und mein Geist freuet sich Gottes, meines Heilandes ... Die Hungrigen füllt er mit Gütern und lässt die Reichen leer ausgehen.«
(Lk 1,46–47.53)

Die wenigen Tage zwischen Weihnachten und Neujahr lehren uns etwas Tiefgreifendes über die Sehnsüchte unserer Seele. Meist sind die Fröhlichkeit und der Jubel der Weihnachtstage in Windeseile wieder vorbei – dabei hatten wir uns so sehr darauf gefreut. Uns bleibt jetzt scheinbar nur noch, den Verpackungsmüll zu entsorgen, die Wohnung in Ordnung zu bringen und den Umtausch zu erledigen. Warum muss Weihnachten eigentlich immer so schnell vorüber sein?!

Der Theologe und Pastor Sinclair Ferguson erzählt aus seiner eigenen Vergangenheit:

»Als ich ein Kind war, schien Weihnachten jedes Jahr am 25. Dezember mit dem Zubettgehen zu sterben.

> Die Vorfreude war so lang gewesen, das eigentliche Ereignis viel zu kurz. Ich versuchte sogar, meine Geschenke wieder einzupacken, um sie am nächsten Morgen nochmal auspacken zu können.«[20]

Seien wir Kinder oder Erwachsene – der Zauber dieser festlichen und aufregenden Zeit hält nie lange an, denn er weist über sich selbst hinaus auf das, was C. S. Lewis beschreibt als: »Noch tieferer Zauber von vor der Dämmerung der Zeit«.[21]

❖

Als Jesu Mutter in der Erwartung von Christi Geburt Gott lobte, verkündete sie: »Die Hungrigen füllt er mit Gütern«. Das war schon immer die Erfahrung von Gottes Volk. Bereits der Psalmist pries den Herrn dafür, »dass er sättigt die durstige Seele und die Hungrigen füllt mit Gutem« (Ps 107,9). Dies ist aber nicht die Erfahrung aller Menschen. Schon immer gab es auch jene, »die irregingen in der Wüste, ... die hungrig und durstig waren und deren Seele verschmachtete« (V. 4–5). So sieht unser Zustand getrennt von Christus aus: Wir wandern ziellos umher wie in »trockenem, dürrem Land, wo kein Wasser ist« (Ps 63,2). Ohne ihn ist Linderung nicht zu erlangen, Trost und Geborgenheit sind nicht mehr als ein ferner Traum.

Es gibt keinen Menschen auf der Welt, der den Schmerz einer enttäuschten Erwartung oder Sehnsucht nicht kennt. Gott hat uns einfach so geschaffen: Wir sehnen uns nach etwas, das größer ist als wir selbst. Das Problem ist natürlich, dass wir dieses Verlangen mit Dingen zu stillen versuchen, die für uns in Reichweite sind. Manche von uns hoffen jedes Mal, wenn im Kalender der Dezember erscheint, darauf, dass Weihnachten dieses Sehnen erfüllen wird.

Aber Weihnachten schafft das nicht. Unsere Sehnsüchte gehen tiefer, als dass ein einzelner schöner Tag das leisten könnte (oder die paar Wochen um diesen Tag herum).

Nicht einmal die Freude der Weihnachtszeit kann uns Erfüllung schenken. Das liegt daran, dass wir für den Gott geschaffen wurden, der Weihnachten erst seine Bedeutung gibt. Wenn wir ohne ihn leben und feiern wollen – und wir alle kennen die Versuchung, in dieser Jahreszeit in die Konsumfalle zu tappen! –, dann kann keine noch so große Festtagsfreude die Leere füllen, die er hinterlässt. Augustinus erinnert uns daran, dass Gott uns auf ihn selbst hin erschaffen hat und unser Herz ruhelos ist, bis es in ihm Ruhe findet.[22]

Die gute Nachricht ist, dass Gott sich auf Herztransplantationen versteht und seinem Volk ein neues Leben schenkt. Er erleuchtet unser Denken durch die Wahrheit des Evangeliums (vgl. 2 Kor 4,4– 6). Wir müssen uns nicht länger abmühen, um uns bei Gott irgendwie ein bisschen Akzeptanz zu erarbeiten. Uns wird durch den Glauben die Gerechtigkeit Christi zugerechnet (vgl. Röm 3,22). Er befreit unsere Herzen aus der Knechtschaft der Sünde. Er reinigt unsere unverhältnismäßigen Neigungen und motiviert und befähigt uns, im Licht der Wahrheit seines Wortes zu leben. Dabei werden wir entdecken, dass sein Gesetz nicht einengend, sondern in Christus ein Weg zu Freiheit und Freude ist.

Anders gesagt: Gottes Wirken zielt darauf, dass wir anfangen, das zu lieben, was er liebt. Diese Veränderungen sind das Ergebnis einer göttlichen Herzoperation – der allmächtige Gott erfüllt seine Verheißung: »Und ich will … das steinerne Herz aus eurem Fleisch wegnehmen und euch ein fleischernes Herz geben« (Hes 36,26).

❖

In Marias Lied klingt ein Akt göttlicher Ironie an: »Die Hungrigen füllt er mit Gütern«, aber er »lässt die Reichen leer ausgehen«. Wem seine Bedürftigkeit nicht bewusst ist, wer selbstzufrieden behauptet: »Ich bin gar nicht hungrig«, den schickt er mit leeren Händen fort. Dagegen verkündet Jesus allen, die ihre Bedürftigkeit eingestehen, die ihren Hunger spüren: »Ich bin das Brot des Lebens. Wer zu mir kommt, den wird nicht hungern; und wer an mich glaubt, den wird nimmermehr dürsten« (Joh 6,35).

Der große Tag liegt nun hinter uns. All die Vorbereitungen, mit denen wir im Dezember zugange waren (oder vielleicht seit September!), haben ihre Vollendung erreicht. Schon bald nimmt man die Lichterketten von den Häusern ab, der Christbaum wird abgeschmückt und wir haben Januar. Das ist in Ordnung, denn wir leben nicht für Weihnachten, sondern für den, der an Weihnachten geboren wurde. Als seine Nachfolger dürfen wir uns darüber freuen, dass das, was Weihnachten so wunderbar macht, jeden Tag wahr ist. Jesus ist dein Immanuel. Jesus ist der Eine, der dir alles gibt, was du brauchst – er hat jede Verheißung Gottes erfüllt und schenkt jedem einzelnen von seinen Nachfolgern die Fülle. Wir sehen Weihnachten nun im Rückspiegel und das neue Jahr dämmert herauf. Vielleicht ist heute ein guter Tag, um zu deinem Immanuel zu sagen: »Jesus, du bist der Einzige, der mein Herz erfüllen kann. Mehr als alles andere – mehr als die Geschenke und das leckere Essen dieser Tage, mehr als das, was ich im kommenden Jahr tun und sein will – wünsche ich mir, dass deine Freude mich erfüllt und stärkt.« Bitte ihn im Glauben, und er wird dich gewiss erhören.

Endnoten

1 Bruce Milne, *The Message of John: Here Is Your King!, The Bible Speaks Today*, Downers Grove: InterVarsity Press Academic, 1993, S. 36.

2 Alec Motyer, *Look to the Rock: An Old Testament Background to Our Understanding of Christ*, Grand Rapids: Kregel, 1996, S. 127.

3 William R. Newell, »At Calvary«, 1895; Übersetzung: H. J. Dyck.

4 James I. Packer, *Gott erkennen*, Leun: Herold, 2014, S. 61.

5 Nach Henry Francis Lyte, »Praise, My Soul, the King of Heaven«, 1834.

6 Charles Dickens, »Ein Weihnachtslied in Prosa«, in: Charles Dickens, *Weihnachtserzählungen*, 20. Aufl., München: dtv, 2006, S. 16.

7 J. B. Phillips, *Making Men Whole*, Eugene: Wipf & Stock Publishers, 2012, S. 13.

8 Jill Murphy, *Nur fünf Minuten Ruh'*, Wien: Betz, 2017.

9 John Newton, »How Sweet the Name of Jesus Sounds«, 1779; Übersetzung: Ernst Gebhardt.

10 Vgl. Tacitus, *Annalen*, 15,44.

11 Vgl. Josephus, *Jüdische Altertümer*, XVIII 3,3.

12 Unbekannter Autor, »Seeking for Me«, 1878; Übersetzung: Julius Charles Grimmel.

13 Minnie Louise Haskins, »God Knows«, 1912.

14 C. S. Lewis, *The Screwtape Letters, with: Screwtape Proposes a Toast*, Revised Edition, New York: Macmillan, 1982 (Vorwort aus dem Jahr 1960).

15 Cecil Frances Alexander, »There Is a Green Hill Far Away«, 1848; Übersetzung: F. L. Nagler.

16 Packer, Gott erkennen, S. 247 u. 249.

17 Vgl. Augustine, »Letter 118«, in: Fathers Of The Church, Bd. 18, New York: The Catholic University of America Press, 1953, S. 282.

18 George Matheson, »O Love That Wilt Not Let Me Go«, 1882; Übersetzung: A. Flammann.

19 Aurelius Augustinus, *Vom Gottesstaat,* München: dtv, 2007 (De civitate dei XIV,28).

20 Sinclair B. Ferguson, *Child in the Manger: The True Meaning of Christmas,* Edinburgh u. Carlisle: Banner of Truth, 2015, S. 41.

21 C. S. Lewis, *Der König von Narnia,* Wien: Carl Ueberreuter, 2010, S. 136 (Überschrift Kap. 15).

22 Vgl. Augustinus, *Bekenntnisse,* I,1.